Ela Area Public Library District
275 Mohawk Trail, Lake Zurich, IL 60047
(847) 438-3433
www.eapl.org

MW00988821

FEB - - 2019

FEB -- 2019

TEOLOGÍAS
PARA
ATEOS

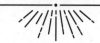

Armando Fuentes Aguirre

Catón

TEOLOGÍAS
PARA
ATEOS

Reflexiones sobre Dios, la eternidad y el alma

Diseño de portada: Ramón Navarro
Diseño de interiores: Moisés Arroyo Hernández

© 2018, Armando Fuentes Aguirre "Catón"

Derechos reservados

© 2018, Editorial Planeta Mexicana, S.A. de C.V.
Bajo el sello editorial DIANA M.R.
Avenida Presidente Masarik núm. 111, Piso 2
Colonia Polanco V Sección
Delegación Miguel Hidalgo
C.P. 11560, Ciudad de México
www.planetadelibros.com.mx

Primera edición en formato epub: septiembre de 2018
ISBN: 978-607-07-5173-8

Primera edición impresa en México: septiembre de 2018
ISBN: 978-607-07-5179-0

No se permite la reproducción total o parcial de este libro ni su incorporación
a un sistema informático, ni su transmisión en cualquier forma o por cualquier
medio, sea éste electrónico, mecánico, por fotocopia, por grabación u otros
métodos, sin el permiso previo y por escrito de los titulares del *copyright*.

La infracción de los derechos mencionados puede ser constitutiva de delito
contra la propiedad intelectual (Arts. 229 y siguientes de la Ley Federal
de Derechos de Autor y Arts. 424 y siguientes del Código Penal).

Si necesita fotocopiar o escanear algún fragmento de esta obra diríjase al CeMPro
(Centro Mexicano de Protección y Fomento de los Derechos de Autor, http://
www.cempro.org.mx).

Impreso en los talleres de Litográfica Ingramex, S.A. de C.V.
Centeno núm. 162-1, colonia Granjas Esmeralda, Ciudad de México
Impreso y hecho en México – *Printed and made in Mexico*

A los que creen, porque creen.
A los que no creen, porque creen que no creen.

Doy las gracias a mis amigos de Editorial Diana, Grupo Planeta, por cuya generosidad se hizo este libro. A Luly, hija queridísima, que le dio forma. A mi señora –esto es a mi dueña–, María de la Luz, cuya gracia pone en mi vida la Gracia. Y muy especialmente a ti, que lees esto. Sólo por eso valió la pena escribirlo. Gracias.

UMBRAL

–¿Dónde está Dios?

–Dios está en el cielo, en la tierra y en todo lugar.

Doña Liberata, la piadosa abuela, sonríe satisfecha: su nieto aprende bien el catecismo.

Pero he aquí que el niño pregunta de repente:

–Mamá Lata, ¿también está en el común?

Eso de «el común» era un eufemismo que se empleaba para nombrar el excusado.

Ahora la abuela no sonríe. Se vuelve hacia su hija, la madre del chiquillo, y le dice llena de preocupación:

–¡Ay, Carmen! Quién sabe qué irá a ser de esta criatura. ¡Piensa demasiado!

Esa criatura soy yo, el interrogativo nieto de aquella santa mujer que fue la abuela Liberata, quien desde entonces supo que mi vida transcurriría entre penseques, vale decir entre confusiones, yerros y vacilaciones.

De aquella inocente pregunta, y de muchas más, nacieron las páginas que siguen. En ellas, late el sentimiento –el presentimiento– de ese ser llamado Dios, que para doña

Lata era tan claro como el día y para mí tiene los misterios que se levantan en la noche oscura del alma.

Quisiera yo tener la fe del carbonero o la incredulidad de los escépticos, pero carezco de ambas certidumbres: la del sí y la del no. Navego por los siete mares de la duda. Y, sin embargo, miro a lo lejos una luz. Sé que es difícil probar la existencia de Dios, pero entiendo que es más difícil aún probar su inexistencia. Los teólogos mayores se han esforzado a lo largo de los siglos en explicar a Dios. La más pequeña de sus criaturas lo explica mejor.

Yo creo, pero dudo. Dicho mejor: yo dudo, pero creo. Esto es decir que, pese a todo, tengo fe. No merezco ese don; más bien, merezco las tristezas del escepticismo. Por eso agradezco más la estremecida llama que va en mí y que ninguna tormenta interior ha conseguido nunca apagar.

El Dios en que creo es Dios de amor. Es el Amor. No es un Dios a mi medida, sino a la suya. Y su medida es la misericordia. Ese Dios nos ama a todos. Su amor es como el universo que creó: infinito. Quiero pensar, sin embargo, que ama con especial predilección a los niños y a los viejos. A los niños, porque acaban de salir de sus manos. A los viejos, porque nos vamos acercando ya a sus brazos.

Este libro mío, quizá el último, es profesión de fe, plegaria de esperanza y declaración de amor. Quizás algunas de las cosas que aquí digo habrían puesto escándalo en mi franciscana abuela, pero son el balbuceo de un hombre desvalido; ciego a la luz, sordo a la Palabra y mudo ante el misterio. Me justifica que yo también creo en lo absurdo. Su presencia me salva de todas las ausencias.

Estas páginas son el retrato de aquel niño que preguntaba, y que aún sigue preguntando.

Quién sabe qué ira a ser de esa criatura.

Armando Fuentes Aguirre, *Catón*
En Saltillo, Coahuila, México.
Durante el verano de 2018.

Un hombre era fanático de la religión de Thord.

Otro era fanático de la religión de Wang.

Otro era fanático de la religión de Avend.

Y otro era fanático de la religión de Zif.

El fanático de Thord odiaba a los fanáticos de Wang, de Avend y de Zif.

El fanático de Wang odiaba a los fanáticos de Zif, de Avend y de Thord.

El fanático de Avend odiaba a los fanáticos de Thord, de Zif y de Wang.

Y el fanático de Zif odiaba a los fanáticos de Avend, de Wang y de Thord.

Había también un hombre que no era fanático de ninguna religión.

Entonces los fanáticos de Thord, de Wang, de Avend y de Zif se reunieron y apalearon a ese hombre.

Eso se explica: el fanático de una religión odia al fanático de cualquier otra religión, pero odia más a quien no es fanático de ninguna religión.

El padre Soárez charlaba con el Cristo de su iglesia.

–Señor –le preguntó–, ¿te preocupan los que están lejos de ti?

–Sí –respondió el Cristo–, pero más me preocupan los que creen estar muy cerca de mí.

–¿Por qué? –preguntó el padre Soárez. Lo preguntó con inquietud, pues él creía estar muy cerca del Señor.

–Porque olvidan la humildad –respondió Cristo–. Se dejan poseer por la soberbia de la religión, y van por ahí con aire superior, como si fueran mis representantes, diciendo cosas en mi nombre. Las estrellas hablan en mi nombre, los pájaros, el mar, las flores, pero los hombres no.

–Entonces, Señor –insistió el padre Soárez–, ¿te preocupan los que están lejos de ti?

–Sí me preocupan –contestó Jesús–, pero no tanto, porque yo estoy muy cerca de ellos.

—◇—

–Maestro –le preguntó a Hu-Ssong uno de sus discípulos–, ¿qué estabas haciendo cuando recibiste la iluminación?

Le contestó el filósofo:

–Estaba podando las ramas de un árbol.

Volvió a preguntar el estudiante:

–Y ¿qué hiciste después de recibir la iluminación?

Respondió Hu-Ssong:

16

–Seguí podando las ramas del árbol.

Meditó el discípulo las palabras de su maestro, y de ellas sacó una conclusión: las cosas de la tierra no deben apartarnos del cielo, pero las cosas del cielo tampoco deben alejarnos de la tierra.

Malbéne publicó un artículo en la revista *Iter*, de Lovaina. El texto se llama «En defensa de mis atacantes», y es una respuesta a quienes acusan de relativismo al controvertido teólogo. En su escrito, Malbéne dice cosas como la siguiente:

«Si el diablo me ofreciera hacer que todos creyeran lo mismo que creo yo –sólo el demonio podría ofrecer tal cosa–, declinaría cortésmente su ofrecimiento y le pediría más bien que se apartara tanto de mí como de aquellos que no creen como yo. Lejos ya el diablo de nosotros podríamos dialogar con serenidad, sin odios, y coincidir al final en el Amor que a todos nos creó y en el cual, de una manera u otra, todos creemos.»

Ese solo párrafo bastará, supongo yo, para enconar aún más las críticas de quienes tachan a Malbéne de relativista.

Cuando el Señor terminó la obra de la Creación, dio unos pasos hacia atrás, como hace el pintor frente a su tela, y contempló su obra.

La magnificencia de lo creado superaba todo lo que Él había imaginado. Jamás pensó que el mar sería tan mar ni el cielo tan celestial. El Señor, que todo lo puede, no pudo contener su emoción al ver que tanta belleza había salido de sus manos. En verdad, los cielos y la tierra proclamaban la gloria del Creador.

Tuvo miedo, el Señor, de caer en culpa de soberbia.

Y entonces Dios, para no hacerse vanidoso, hizo a los ateos.

———◄◦►———

San Virila pensó que el día se presentaba bien. Le dolía una muela, es cierto, pero la tierra seguía dando vueltas como siempre, había aire para que respirara todo mundo y el sol estaba en su lugar.

Salió de su convento aquel alegre santo que amaba a las creaturas por el Creador y al Creador por sus creaturas. En las calles de la aldea, se cruzó con tres mujeres que lucían, felices, las evidentes señas de un próspero embarazo.

—¡Caramba! —exclamó San Virila, regocijado—. ¡Tres veces nos está diciendo Nuestro Señor que la vida va a seguir!

Cuando volvió al convento le preguntaron sus hermanos:

—¿Cuántos milagros hiciste hoy?

—Ninguno —respondió él con una sonrisa—, pero vi tres.

En un libro sobre deporte, hallé esta lección de Teología.

Antes del Super Bowl de 1987, en que se enfrentaron los Gigantes de Nueva York contra Denver, alguien preguntó a Dan Reeves, coach de los Broncos, si rezaría pidiendo ayuda a Dios para ganar el juego. Él respondió:

–«No creo que el Señor tome partido en estas cosas. Y espero que no lo haga: los de Nueva York tienen más gente para rezar que nosotros.»

A veces, en efecto, tomamos a Dios como una especie de amuleto de la buena suerte. Le pedimos que nos ayude aun sabiendo que para ayudarnos tendría que dañar a otros.

Dios, en efecto, es como el sol: sale para todos. En un libro sobre deporte, hallé esa lección de Teología. Hasta la fecha en ningún libro de Teología he hallado una lección sobre deporte.

—◈—

Jean Cusset, ateo con excepción de las veces que mira a una madre con su hijo, dio un nuevo sorbo a su martini –con dos aceitunas, como siempre–, y continuó:

–Detesto a los que, en nombre de Dios, pusieron el miedo en los humanos. Detesto a quienes nos quitaron el gozo de vivir haciéndonos creer que todo es pecado. Detesto a quienes nos dijeron que el cuerpo es algo sucio, y al decirnos eso nos ensuciaron el alma. Detesto a quienes nos impusieron desde niños el peso de la culpa.

–»Por ellos –siguió diciendo Jean Cusset–, soñé pesadillas de infiernos y demonios. Por ellos, tuve una idea torcida de Dios. Llenaron mi mente infantil de oscuros pensamientos que de milagro no me volvieron carne de siquiatra. Corrompidos, todo lo que tocaban con su desviada forma de creer lo enviciaban. En cierta forma, mi vida ha sido un esfuerzo continuo para librarme de las mentiras que ellos me enseñaron; para recuperar la belleza, la verdad y el bien que me quisieron arrebatar.

Así dijo Jean Cusset, y dio el último sorbo a su martini, con dos aceitunas, como siempre.

———◦▷———

Llegó un hombre ante el Señor y dijo:

–Fui panadero. Pasé toda mi vida haciendo pan para los hombres.

Le dijo Dios:

–Por eso, entra en mi casa.

Llegó otro hombre y dijo:

–Yo fui poeta. Pasé la vida creando belleza para el hombre.

Le dijo Dios:

–Por eso, entra en mi casa.

Llegó otro hombre y dijo:

–Yo fui anacoreta. Me aparté de los hombres, y dediqué mi vida a la penitencia y la mortificación.

Le dijo Dios:

–A pesar de eso, entra en mi casa.

La revista *Kirche*, que aparece en Zúrich, publica en su último número un artículo de Malbéne. No resisto la tentación de transcribir aquí una frase de ese teólogo tan controvertido. Dice así:

«En los primeros tiempos del cristianismo morían los cristianos y el cristianismo vivía. En nuestro tiempo, los cristianos viven y el cristianismo muere.»

Malbéne explica su paradoja. La vida del cristianismo es el amor. Divididos ahora los cristianos en innumerables grupos distintos y aun hostiles entre sí, el amor no tiene sitio entre ellos. «Ni siquiera practican –añade Malbéne– ese modesto atributo del amor que se llama tolerancia.»

A nadie gustará, seguramente, la afirmación del maestro de Lovaina. Pero dice él: «Hablar de religión sin hablar del amor es ser sólo un charlatán».

———◦———

Llueve sobre las tierras del Potrero; llueve esa mansa lluvia que hace Dios y que es Dios mismo convertido en agua.

Los hombres están hechos de tierra, dice el Libro. A veces lo dudo: la tierra es siempre agradecida. Basta un poco de Dios –un poco de agua– para que la tierra diga su acción de gracias con un salmo de hierba verde. Aparecen flores inéditas, y las pequeñas criaturas del campo salen para estrenar el mundo.

Ayer llovió toda la noche. Me despertó la lluvia con sus pespuntes en el techo. Era de madrugada. Yo iba a tomar un libro para esperar el día. No lo hice. Me puse a oír la música del cielo, y en la alta hora sentí latir la tierra como laten los muslos de la mujer cuando recibe la semilla germinal. A la luz de la lámpara, abrí la ventana, tomé en el cuenco de la mano agua del chorro que caía por el goterón y la bebí con reverencia, como quien comulga. Sentí que esa eucaristía me lavaba, y por ella di gracias a Dios.

—◦—

HISTORIAS DE LA CREACIÓN DEL MUNDO

El Señor hizo la pera.

Adán contempló morosamente la redondeada grupa de la fruta.

Le preguntó el Señor:

—¿En qué piensas?

Respondió Adán:

—En nada.

El Señor hizo el durazno.

Adán vio aquel fruto de miel y terciopelo, y luego pasó sus dedos por la suave pelusa que cubre su rosada piel.

—¿En qué piensas? —le preguntó el Señor.

—En nada —volvió a decir Adán.

El Señor hizo a Eva.

Adán miró aquel prodigio en que se resumían todas las bellezas y goces de la tierra.

Le preguntó el Señor:

22

–¿En qué piensas?

Y respondió Adán:

–En todo.

—◆—

Jean Cusset, ateo con excepción de cuando se enamora, dio un nuevo sorbo a su martini –con dos aceitunas, como siempre– y continuó:

–Hay quienes se preguntan por qué la Mona Lisa sonríe en el cuadro de Leonardo. Yo me pregunto por qué Dios no sonríe en la imagen que Miguel Ángel pintó de él en la Capilla Sixtina. Todo era nuevo el primer día: el hombre, el mundo… Todo estaba acabado de nacer. Dios mismo parecía recién inaugurado: las religiones no lo habían desgastado aún. Por lo tanto, una sonrisa cósmica debió haber alegrado la mañana de la creación: la sonrisa del padre que ve a su hijo nacido.

–»Cuando mi padre sonreía –siguió diciendo Jean Cusset– todo se iluminaba para mí. En cambio, si estaba triste o irritado, mi pequeño universo se apagaba. Nuestro padre universal sonríe en la naturaleza. En esa sonrisa, la de las cosas bellas de este mundo, nosotros también debemos sonreír.

Así dijo Jean Cusset, y dio el último sorbo a su martini, con dos aceitunas, como siempre.

—◆—

El padre Soárez venía de vuelta de su huerto. Traía consigo un canastillo lleno de manzanas, y repasaba en la memoria el catecismo.

23

Al llegar a su capilla, miró en la puerta a un niño. Fue hacia él y le hizo un ofrecimiento:

–Te doy una manzana si me dices dónde está Dios.

El niño contestó:

–Yo te doy dos si me dices dónde no está.

El niño sonreía.

———◦———

Este hombre camina por el huerto con su hijo. Cinco años tiene el niño. Sabe, por tanto, muchas cosas.

En el sendero, el hombre ha visto un caracol. Alguien le dijo que los caracoles son enemigos de las plantas. Va, pues, el hombre hacia el lento caracol y lo aplasta con un rudo pisotón.

–Hazlo otra vez –le pide el niño.

–¿Quieres que lo aplaste otra vez? –pregunta con extrañeza el padre.

–No –responde el pequeño–. Quiero que hagas otra vez el caracol que acabas de aplastar.

Todos los seres y las cosas son sagrados. Hemos de contemplar con reverencia aun la más humilde forma de la vida, pues todas las criaturas tienen la majestad y el misterio de la vida. Cualquier hombre puede aplastar un caracol, pero ni aun el hombre más sabio de la tierra puede reconstruir sus sabias espirales. Ante la vida detengámonos para que la muerte se detenga.

Cuando el Señor hizo al pavo real le preguntó cuál era su mayor deseo. Respondió el ave:

–Quiero tener una larga cola formada por hermosas plumas de tonos brillantes e irisados, igual que si estuvieran bordadas con hilos de oro y plata y cuajadas de rica pedrería.

El Señor cumplió el deseo del pavo real, y le dio aquella gala que pedía.

Poco después el ave se presentó otra vez ante el Creador. Le dijo:

–No puedo volar en lo alto como las otras aves.

–Tú lo quisiste así –le contestó el Señor–. Es muy difícil alzar el vuelo a las alturas cuando se tiene la riqueza que tú tienes.

Desde entonces el pavo real vive en el suelo. El peso de sus lujos le impide separarse de él.

John Dee se hallaba triste. El año se le había ido como agua entre los dedos. Había leído mucho, sí; pero leer no es todo. Había escrito mucho, sí; pero escribir es nada. Se entristecía John Dee; se preguntaba a dónde se habían ido aquellos 365 días que perdió.

En eso escuchó ruidos alegres en el patio: reía su mujer, gritaba su hijo, ladraba su perro, y el viejo criado de la casa cantaba una canción. Pensó John Dee que amaba a su mujer, y amaba a su hijo, y a su perro, y al viejo criado, y a su canción, y al mundo. Aunque no había hecho nada en todo el año, había amado. Entonces oyó una voz dentro de sí. La voz le dijo que no perdió sus días si en ellos puso amor. No supo John Dee si esa voz era la voz de Dios o era la suya, pero supo que era una voz verdadera.

—◇—

El incrédulo le pidió a San Virila algún milagro para poder creer.

San Virila hizo un movimiento con su mano y al incrédulo se le cayeron los pantalones. Toda la gente se rio de él.

—Ése no es un milagro –dijo mohíno el hombre al tiempo que se levantaba los pantalones.

—¿Ah no? –sonrió el santo–. ¿Qué es un milagro?

Contestó el hombre, atufado:

—Milagro es, por ejemplo, mover una montaña.

Le replicó Virila:

—No hay diferencia alguna entre mover milagrosamente una montaña y mover milagrosamente un pantalón. Milagros son milagros. Si no quieres de unos no pidas de otros.

—◇—

Jean Cusset, ateo con excepción de las veces que escucha a Casals, dio un nuevo sorbo a su martini –con dos aceitunas, como siempre– y continuó:

—Quevedo inventó un verbo que por desgracia la Academia no recoge. Ese verbo es «deshombrecer». Significa quitarle a alguien su dignidad de hombre, de persona humana. Aquel que calumnia a otro comete un acto ruin de deshombrecimiento. Pero también se deshombrece él mismo, pues se infama y envilece de tal manera que se priva a sí mismo de toda humanidad. No deshombrezcamos a nadie. Sólo así no nos deshombreceremos. Esto que parece trabalenguas es en realidad una verdad de amor.

Así dijo Jean Cusset. Y dio el último sorbo a su martini, con dos aceitunas, como siempre.

—◇—

El padre Soárez charlaba con el Cristo de su iglesia.

—Señor —preguntó—, ¿cómo era Juan, tu apóstol?

—Era joven —le respondió Jesús—, y por lo mismo muy idealista. Lo amé mucho porque jamás dudó de Mí.

—¿Y cómo era Pedro? —quiso saber el padre Soárez.

—Era viejo, y por lo mismo muy realista. Algunas veces dudó de Mí, por eso lo amé mucho.

—Perdona esta otra pregunta —dijo entonces con cierta vacilación el padre Soárez—. ¿Y cómo era Judas Iscariote?

—¿Judas Iscariote? —preguntó Jesús desconcertado—. ¿Quién era Judas Iscariote?

Fue así como el padre Soárez aprendió que perdonar y olvidar el agravio es la forma que tiene Dios de perdonar.

Me habría gustado conocer a A. J. Muste. Larga vida vivió este hombre bueno: nació en Holanda, en 1885, y murió en Estados Unidos, en 1967.

Muste fue, sobre todo, un pacifista. Se opuso a todos los conflictos bélicos de su época, desde la Primera Guerra Mundial hasta la de Vietnam. Perpetuo buscador de la justicia, solía decir que en el Sermón de la Montaña estaba el mejor programa político y social. «Lo que ahí se dice –afirmaba– no es un ideal utópico, sino una necesidad para sobrevivir».

A los 81 años de edad, Muste fue arrestado en Saigón por manifestarse contra la guerra frente a la embajada americana en Vietnam. De regreso en Estados Unidos, participó en una vigilia a las puertas de una base de armas nucleares. Un transeúnte le preguntó, burlón, si acaso con eso iba a cambiar el mundo. «No hago esto para cambiar el mundo –le respondió–. Lo hago para que el mundo no me cambie a mí».

Me habría gustado conocer a A. J. Muste. Sabía que el bien del hombre sólo se puede conseguir por el camino de la paz, la justicia y el amor.

HISTORIAS DE LA CREACIÓN DEL MUNDO

El Señor hizo al hombre. Del barro de la tierra hizo su cuerpo, y puso en él la proporción y la armonía del universo.

Luego dio forma a la mujer. Dotó a su cuerpo no sólo de admirable belleza, sino también de sabias ingenierías.

Por último, Dios hizo para sus criaturas el acto del amor, de modo que mediante ello perpetuaran la especie, gozaran la dicha de su unión y buscaran, el uno en el otro, compañía y felicidad.

–¡Qué hermoso es todo esto! –dijo el Espíritu al Señor–. ¡Cuánta belleza hay en los cuerpos del hombre y la mujer, y qué maravilla es el acto de su amor! ¡Esto es lo más bello y lo más noble entre todo lo noble y bello que has creado!

Pero el Señor dijo con preocupación:

–Me temo que a los predicadores no les va a gustar.

———◇———

No son muchas las letras del abecedario.

A 29 llegan, a lo más.

Con ellas, sin embargo, pueden formarse todas las palabras.

Con ellas también podrían escribirse las respuestas a las preguntas capitales. ¿De dónde venimos y a dónde vamos? ¿Qué hay después de la muerte? ¿Existe Dios?

Todas esas preguntas se pueden contestar usando sólo las letras del alfabeto. Lo único que debemos hacer es encontrar las correspondientes letras y acomodarlas en el debido orden.

Si eso hiciéramos conoceríamos todos los misterios.

Sólo necesitamos hallar las letras con que se forman las palabras que aclararían esos enigmas.

Y no son muchas esas letras.

A 29 llegan, a lo más.

───◦───

Jean Cusset, ateo con excepción de la vez que subió una montaña, dio un nuevo sorbo a su martini –con dos aceitunas, como siempre– y continuó:

–De todo han hecho dioses los humanos: dios del sol, del rayo, de los bosques, del cielo, de la guerra… Y de todo también han hecho alcohol para beber: de los granos, de la madera, de las plantas y las frutas… Y vean ustedes cómo son las cosas: la religión y el vino son dos de las principales causas que hacen a los hombres reñir y disputar. No quiero decir que deban desaparecer los dioses, y menos aún –¡Dios guarde la hora!– que deba desaparecer el vino. Lo que quiero decir es que debemos aprender a manejar con más cuidado al vino y a los dioses.

Así dijo Jean Cusset. Y dio el último sorbo a su martini, con dos aceitunas, como siempre.

───◦───

¿Recuerdas, Terry, la primera vez que viste tu sombra en la pared? Le ladraste con tu infantil ladrido de cachorro, y luego trataste de jugar con ella. Volteaste después, y te asombraste al no mirarla más.

Yo no pensé en decirte que en nuestra vida hay sombras siempre. Eso no se le dice a un perro niño. Ahora que tú estás en la luz debes saber de cierto lo que nosotros a veces olvidamos: que las sombras son sólo eso, sombras. Desaparecen si volvemos la vista hacia otra parte.

Estamos hechos para la luz, mi Terry; tenemos vocación de claridad. A veces las sombras nos convocan, o caen sobre nosotros como un oscuro fardo. Pero la luz nos llama nuevamente, y la seguimos igual que ciegos que intuyen en su tiniebla un resplandor. Tú ya encontraste la luz, amado perro mío. La busco yo todavía. En ella nos hallaremos al final.

—◇—

En sus artículos para la revista *Theologie*, utiliza Malbéne el género de la parábola. He aquí su último texto:

«Un hombre vio en la calle a un perro que se moría de hambre y sed. Conmovido por el sufrimiento de aquella pobre criatura, le dio un hueso con algo de carne y un poco de agua. Pasaron muchos años, y al hombre se le acabó la vida. Se vio en el cielo, al lado de los santos y los ángeles, en la presencia misma del Señor. No podía creer esa ventura. ¿Cómo estaba en la gloria, si había sido tan grande pecador?

–¿Por qué, Señor –preguntó con temblorosa voz–, me admites junto a ti?

Le contestó el Señor:

–¿Has olvidado que una vez me diste un hueso con algo de carne y un poco de agua?»

Hasta aquí la parábola de Malbéne. El relato ha sido objeto de muchos comentarios, no todos favorables a su autor.

Adán le preguntó al Creador:

–Señor, ¿por qué hay desiertos?

Respondió él:

–Porque hay agua.

–No entiendo –dijo desconcertado Adán.

Le explicó el Hacedor:

–El agua de los ríos gasta la roca de sus lechos y lleva al mar las partículas de arena. El oleaje marino arroja esas partículas hasta la orilla, y forma así las playas. Entonces sopla el viento, levanta esas partículas y las lleva por el aire hasta depositarlas tierra adentro. Así se forman los desiertos, cuya arena es en verdad arena de la mar.

–¡Señor! –exclamó Adán con asombro–. ¡Qué Creador tan complicado eres!

Le contestó él:

–En verdad soy un Creador muy sencillo. Lo que pasa es que me tomo mi tiempo.

De la envidia líbrame, Señor.

Triste pecado es ése, el de sentir tristeza por el bien ajeno. Las otras culpas capitales dan algún goce a aquel que las comete: el lujurioso halla placer en su lujuria; se regodea en su gula el destemplado; en la pereza tiene solaz el perezoso; el iracundo se satisface al descargar sus iras; disfruta el avaro contando sus riquezas; el soberbio se complace en su soberbia… El envidioso, en cambio, se entristece al ver que los demás están alegres; el bien del otro se le vuelve mal.

Triste pecado es la envidia, de triste pecador.

De la envidia y de sus tristezas líbrame, Señor.

———◦———

Jean Cusset, ateo con excepción de la vez que escuchó el *Te Deum* de Charpentier, dio un nuevo sorbo a su martini –con dos aceitunas, como siempre– y continuó:

–En una capilla de Nairobi, en África, vi un Cristo negro de pelo ensortijado. En una iglesia católica en Pekín, vi un Cristo de ojos rasgados. En los Estados Unidos, a Cristo se le representa rubio y de ojos azules. Sabemos, sin embargo, que todos esos Cristos son un solo Cristo, aunque lo hagamos a nuestra imagen y a nuestra semejanza.

–»Lo que importa –siguió diciendo Jean Cusset– es que en todas partes el amor de Cristo sea el mismo amor: amor benévolo y tolerante; amor que se traduce en obras buenas; amor de paz, de bien y de perdón. Sólo así Cristo será verdadero hombre. Sólo así los cristianos seremos verdaderos cristianos.

Eso dijo Jean Cusset. Y dio el último sorbo a su martini, con dos aceitunas, como siempre.

———◦———

Llegó sin ningún aviso y dijo:
–Soy la duda.

Alguna impresión debí haber mostrado, el caso es que añadió:

–Todo mundo habla de «las sombras de la duda». Y eso es dudoso. La duda no trae consigo sombra, sino luz. El que no duda no busca. Todo conocimiento humano se originó de una duda. Dudar no es fuente de tinieblas, sino de claridad. La duda metódica es el principio de la sabiduría.

Le dije yo:

–Lo dudo.

Y exclamó ella:

–¡Magnífico! ¡Ya está usted en el camino del saber!

———◁o▷———

HISTORIAS DE LA CREACIÓN DEL MUNDO

El Creador no desampara nunca a sus criaturas. Aun a la más fea la considera hermosa, y cuida de ella con paternal amor. Para Dios el sapo es tan bello como el cisne. (En eso, la sapita está de acuerdo.)

Cuando el Señor hizo al camaleón se dio cuenta demasiado tarde de que no había puesto en él armas de defensa. Le dio entonces la facultad de cambiar de color para ocultarse.

Pasaron unos días, y el Creador pensó que había hecho al camaleón muy feo. Lo buscó para hermosearlo, pero no lo pudo hallar: el camaleón se había vuelto demasiado camaleónico.

De esta historia derivo una reflexión. El Señor quiere que todos sus hijos tengan esa belleza que es el amor, el bien. Nos busca para poner su gracia en nosotros, pero nos escondemos de Él, como hace el camaleón. También nosotros nos hemos vuelto camaleónicos. Seríamos más buenos si no nos escondiéramos de Dios.

———◦———

Le dijo un hombre a San Virila:

–No creo en Dios. No creo que exista el alma. No creo que haya otra vida después de ésta. No pertenezco a ninguna religión, y pienso que ninguna es verdadera. ¿Qué opinas?

–Está bien –le contestó Virila–. Con tal de que a nadie hagas daño con tus ideas.

Se fue aquel hombre y vino otro.

–Creo en Dios –le dijo a San Virila–. Creo en la existencia del alma y en su inmortalidad. Creo en una vida eterna. Pertenezco a nuestra santa religión, porque creo que es la única verdadera. ¿Qué opinas?

–Está bien –le contestó Virila–. Con tal de que a nadie hagas daño con tus ideas.

———◦———

Jean Cusset, ateo con excepción de la vez que tuvo en los brazos a su primer nieto, dio un nuevo sorbo a su martini –con dos aceitunas, como siempre– y continuó:

–Yo siento un sagrado temor por los libros sagrados. Todos ellos tienen por tema principal la muerte y lo que después de ella habrá de suceder. Pienso que los verdaderos libros sagrados son los que hablan de la vida y de lo que en ella sucede. Para mí son sagrados los libros de Shakespeare y Cervantes; de Tolstoi y Dickens; de Dostoievski y Balzac. En sus obras están los hombres, no los dioses. Está la verdad, no el dogma. Está la vida, no la muerte. Respeto a quienes hallan inspiración en los libros sagrados, pero quiero recordarles que la Biblia y el Corán han dado origen a sangrientas guerras. Ni *Hamlet*, ni *Don Quijote*, ni *Ana Karenina*, ni *David Copperfield*, ni *Los hermanos Karamazov* ni *Papá Goriot* han hecho nunca que los hombres se maten unos a otros. Hay que tener cuidado, entonces, con los libros sagrados. Son muy peligrosos.

Así dijo Jean Cusset. Y dio el último sorbo a su martini, con dos aceitunas, como siempre.

—◇—

Si Mozart –ese otro Dios– hubiera creado el mundo, seguramente lo habría hecho como se ve hoy: domingo recién llovido y claro, unánime cristal.

Estoy en la montaña que amo y sé que me ama, porque un amor como el que yo le guardo tiene que ser correspondido. Subí despacio por la vereda y llegué al sitio donde los pinos se abren y hay una hondonada pequeñita que recoge las aguas de la lluvia. Veo en la tierra humedecida las huellas que dejó el paso de un venado, y escucho al pajarillo presuroso que con su canto fabricó su nombre: tildío.

Quedó lejana la ciudad, y quedó a distancia ese lejano yo que no soy yo. Aquí estoy. Aquí estamos: cielo, montaña, nubes, agua de lluvia, tierra, pinos y bestezuelas, una más yo entre ellas. Alguna vez yo ya no seré, y ellas seguirán siendo todavía. Quizá yo seré en ellas, y en ellas estaré como estoy ahora, en la común fraternidad de todo lo que existe.

———◇———

El padre Soárez charlaba con el Cristo de su iglesia. Le preguntó:

–Señor, ¿cuál es el mayor pecado?

Respondió Jesús:

–Los hombres como tú piensan que el pecado mayor es la lujuria. Se equivocan. La lujuria es cosa de la carne, esa pobre infeliz tan calumniada por ustedes. No pueden ser tan grandes los pecados que acaban con los años.

–Entonces –arriesgó el padre Soárez–, ¿el pecado más grande es la soberbia?

–Tampoco –replicó el Señor–. La soberbia es más bien una forma de estupidez.

–Entonces –vaciló el padre Soárez, desconcertado– ¿cuál es, entre todos, el mayor pecado?

Dijo Jesús:

–El pecado mayor es la indiferencia.

———◇———

A veces Diosito se descuida –¡tiene tantas cosas que hacer!– y entonces suceden cosas tristes. Por ejemplo, la mariposa (leve color, leve vuelo, leve vida) que se estrelló contra el parabrisas de mi coche.

37

¿Por qué me tocó ser herramienta de la muerte para esa frágil criaturita, más frágil, aun, que yo? Si no hubiera salido de mi casa esta belleza alada habría llegado a la suya y se habría eternizado en el perpetuo rito de la fecundación.

Un vago remordimiento me pasea por el alma. No es necio escrúpulo de pacato conservacionista, sino aflicción sincera de alguien que cree en lo sagrado de la vida y que la ha destruido sin querer. No tengo culpa, lo sé, pero esa culpa que no tengo pesa en mí como una roca sobre una mariposa.

———◦———

HISTORIAS DE LA CREACIÓN DEL MUNDO

El Señor hizo al Sol.
    Le preguntó el Espíritu:
    –¿Qué hiciste?
    Y contestó el Creador:
    –Un cocuyo.
    El Señor hizo al cocuyo.
    Le preguntó el Espíritu:
    –¿Qué hiciste?
    Y respondió el Creador:
    –Un sol.

———◦———

San Virila salió de su convento. Iba a la aldea a pedir el pan para los pobres. Con las lluvias de la noche anterior, el camino estaba lleno de charcos, y lodoso.

Poco antes de llegar al caserío, el frailecito vio a una mujer cuyo carretón había caído en un hoyanco. Inútilmente, la pobre se esforzaba en sacarlo de ahí. Empujaba el carromato; excitaba con empeño al caballejo que tiraba de él. Todo inútil. Mientras así batallaba la mujer, seis hombres jóvenes y forzudos la miraban indiferentes, sentados a la orilla del camino.

Llegó San Virila, vio aquello y alzó los brazos al cielo en ademán de súplica. Se abrieron las nubes, bajaron cuatro robustos ángeles y sacaron el carretón de aquel hoyanco.

–¡Milagro! –exclamaron los hombres, boquiabiertos.

–No –los corrigió San Virila–. Milagro habría sido que ustedes hubiesen ayudado a la mujer.

—◇—

Jean Cusset, ateo con excepción de la primera vez que se enamoró, dio un nuevo sorbo a su martini –con dos aceitunas, como siempre– y continuó:

–Yo tengo para mí que Dios ama por igual a todas sus criaturas, y que con igual esmero formó al hombre que al gusano. A veces, claro, comparando resultados, he llegado a pensar que le salió mejor el gusano. Por eso me preocupa que los antiguos teólogos hayan negado que los animales tienen alma. Yo dudo que la tengan algunos hombres, pero los animales no. Cuando veo los negros ojos húmedos de una vaca, cantados por Homero, me convenzo de que tras ellos hay un alma. Cuando me veo visto por un gato, estoy seguro de que hay algo más que materia detrás de esa mirada. Sobre todo, cuando me ve mi perro con esos ojos cuyo amor no igualará jamás ningún humano, me asombro de que alguien piense que no tiene alma mi perro.

–»Alguna vez quizá iré al Cielo –siguió diciendo Jean Cusset–, porque creo que la misericordia de Dios es más grande, aun, que su justicia. Espero, entonces, hallar en la morada celestial al pajarillo aquel que con su canto puso goces en las mañanas de mi abuela; al perro de caza que acompañó a mi padre cuando joven; a mi propio setter irlandés que al verme buscará mis pantuflas en algún rincón del Edén para llevármelas hasta la chimenea. Sin todas esas criaturitas de Dios, sin un cortejo de ciervos, ballenas, dromedarios, libélulas, abejas zumbadoras y hasta serpientes redimidas y sin veneno ya, ¿cómo podría llamarse cielo el Cielo?

Así dijo Jean Cusset. Y dio el último sorbo a su martini, con dos aceitunas, como siempre.

◄◦►

Más allá de lo humano y terrenal, trascendiendo las cosas naturales, está el hondo misterio de la Redención.

Los hombres, aun en su limitada humanidad, fueron capaces de concebir la idea de un hombre que dio su vida por redimir a los demás. Esa sola concepción redime al género humano de todo el sórdido egoísmo que, dicen algunos, es consubstancial a la criatura humana.

Dios hecho hombre se entregó como hombre para salvar a todos los hombres.

De ahí deriva la dignidad de los humanos, cualquiera que sea su modo de ser o condición, todos merecimos ser depositarios de ese supremo sacrificio. Por todos, aun por los más viles, se entregó el Señor.

La Redención no hizo excepción de personas. ¿Cómo podemos hacerla nosotros?

El padre Soárez charlaba con el Cristo de su iglesia.

–Señor –le preguntó–, ¿por qué existe el sufrimiento?

Jesús inclinó la cabeza desde lo alto de la cruz. El padre Soárez pensó que iba a revelarle un gran secreto. Se acercó para escuchar mejor. Y Cristo le dijo en voz muy baja:

–No sé.

–¿No sabes? –se azoró el padre Soárez.

–No, no sé –repitió Cristo–. Ahora que estoy aquí, en la cruz, no sé. Y me rebelo en mi ignorancia: y le pregunto a mi Padre por qué me ha abandonado y le pido que aparte de mi este cáliz. Pero una cosa sé: cuando al final me vea libre de la cruz, entenderé mi sufrimiento y para qué ha servido. Entonces sabré que el sufrimiento, que es cosa tan humana, es plan divino. Ahora no lo entiendo, y sufro. Después lo entenderé, y entonces este dolor ya no me dolerá.

VARIACIÓN OPUS 33
SOBRE EL TEMA DE DON JUAN

Murió Don Juan.

En su lecho mortuorio una sonrisa le iluminaba el rostro.

41

Eso molestó a los frailes que se congregaron a orar en torno al difunto. Se suponía que el muerto debía tener el rictus de desesperación de los condenados al infierno.

La sonrisa de Don Juan, pues, desconcertó a los religiosos. Y más se desconcertaron cuando el cuerpo del hidalgo empezó a despedir un aroma suavísimo como de rosas, nardos o jazmines.

–¿Qué es esto? –preguntó con enojo el abad del convento–. No es posible que este hombre haya muerto en olor de santidad.

Respondió una de las mujeres que había amado a Don Juan:

–No murió en olor de santidad. El perfume que su cuerpo exhala es mejor que ése. Don Juan murió en olor de amor.

◦

Malbéne, controvertido teólogo, maestro lovaniense, publicó en *Iter* un artículo que tituló «Génesis del Génesis», en el que dice lo siguiente:

«Los exégetas bíblicos ven la muerte como parte del castigo que Dios impuso a Adán por su desobediencia. Si eso es así, entonces, ¿por qué mueren también los animales y las plantas? Esas criaturas inocentes no pecaron. Pensemos que la muerte no es castigo ni temible final que lleva a riguroso juicio. Eso es crear angustia en los humanos para medrar con su pavor. Pensemos que la muerte es parte de la vida; final que lleva a otro principio. No sembremos el miedo; sembremos la esperanza.»

Las palabras de Malbéne seguramente escocerán a algunos que creen más en el temor que en el amor.

—◇—

HISTORIAS DE LA CREACIÓN DEL MUNDO

Caín era muy malo.

Abel, en cambio, era muy bueno. Tan bueno era que ni siquiera se daba cuenta de que había en el mundo gente mala. Ése es el mayor problema de los buenos.

Cierto día, Caín se levantó contra su hermano y lo mató. Con una quijada de burro, lo golpeó hasta quitarle el aliento de la vida. Lo hizo por envidia, por pura maldad, pues Abel no le había hecho ningún daño.

–¿Por qué mataste a tu hermano? –le preguntaron espantados Adán y Eva–. ¿Por qué lo golpeaste con esa quijada de burro?

Los malos, ya se sabe, culpan siempre de su maldad a otros. Respondió Caín:

–Dios tuvo la culpa. Fue él quien hizo al burro.

—◇—

Jean Cusset, ateo con excepción de la vez que vio a través de un telescopio, dio un nuevo sorbo a su martini –con dos aceitunas, como siempre– y continuó:

–La vida únicamente cobra su sentido pleno en presencia de la muerte. Sólo si reconocemos que la muerte significa algo podremos dar a la vida significado. Si no hay nada después de la muerte, es que tampoco hay nada en la vida, sino sucesos incoherentes, ciego azar.

Contempló su martini, Jean Cusset, y los reflejos de la luz en el cristal de la copa. Prosiguió:

–El sufrimiento debe tener también alguna explicación. No la conozco, pero sé que se sufre por algo y que el sufrimiento, que es parte de la vida, ha de tener el mismo significado que ella. Un gran misterio encierra el sufrimiento que ahora no conozco, pero que alguna vez conoceré.

–»Como todos los humanos –dijo Cusset–, yo también he sufrido, y en el futuro habré igualmente de sufrir. ¿Quién soy yo para que el sufrimiento llegue a todos mis hermanos y pase de largo sin tocarme a mí? No sé por qué se sufre, pero respeto el misterio del sufrir. Y espero solamente ser digno del sufrimiento que me tocará.

Así dijo Jean Cusset. Y dio el último sorbo a su martini, con dos aceitunas como siempre.

◂◦▸

Yo creo que el *art nouveau* lo inventó una libélula.

En este caso, fue el arte el que imitó a la naturaleza, y no la naturaleza la que copió al arte, como decía Wilde.

Los niños del Potrero llaman «caballito del diablo» a la libélula.

A mis nietos les digo que ese nombre no es bueno. ¿Cómo puede ser del diablo una criatura tan gentil y leve como la libélula, que ahora está y luego ya no está?

Les digo a mis nietos que nada pertenece al diablo. Todo es de Dios, y todo participa de su ser divino. Dios es la vida; en todo lo que tiene vida, Dios está.

Lo que no tiene vida ahora, tendrá vida después.

Alguna vez la piedra será libélula también.

⟨◇⟩

Acaba de escribir Malbéne en *Aquinas,* publicación mensual del Institut Catholique de París, un artículo acerca del problema de la salvación. Los puntos de vista del filósofo son siempre debatidos con ardor por sus colegas. De seguro no será éste la excepción.

Dice Malbéne con ánimo polémico: «La fe sin obras está muerta, pero las obras tienen vida aun sin la fe. El bien que hace el ateo cuenta igual que el bien de los creyentes. Las buenas obras acercan a Dios, incluso a quienes no creen en Él».

No es nueva esa doctrina de Malbéne. Ya en el Octavo Congreso de Filosofía Cristiana (Turín, 76) sostuvo: «Un incrédulo que hace el bien está salvado; un creyente que no hace el bien está perdido. Crear el reino de Dios es más valioso que solamente creer en él».

Como se ve, el artículo de Malbéne es simplemente vino viejo en botellas nuevas. Tengamos la certidumbre, sin embargo, de que a algunos no les gustará ese vino.

Creó el Señor a los animales.

Hizo al tierno elefante, al dulce león, al humilde rinoceronte.

Luego dio forma a la ballena para que no estuviera tan sola la inmensidad del mar.

Hizo también a las aves y les dio por casa el cielo, a fin de que lo habitaran con su vuelo y su canto.

Finalmente, el Señor hizo al Hombre.

Entonces, todos los animales dijeron con tristeza:

—¡Desde ahora todos somos especies en vías de extinción!

———◄○►———

San Virila, que sabía mucho porque era muy anciano, dijo a los legos del convento que daría una hermosa cruz a aquel que buscara mejor la santidad.

Y hubo uno que comenzó a buscarla con asidua devoción. Antes de la hora de maitines estaba ya de rodillas con los brazos abiertos, pronunciando en voz alta el nombre del Altísimo. De día y de noche lo invocaba, hora tras hora oraba, ora en muda oración, ora en sonora.

Un día lo llamó San Virila y le entregó un madero.

—¿Qué es esto, padre mío? —preguntó el joven.

—Es tu cruz —respondió el santo con una suave sonrisa.

—Padre —dijo el muchacho—, ésta no es una cruz. No tiene brazos.

–La cruz –dijo entonces Virila– está hecha de amor a Dios y amor a los humanos. El primer anhelo nos hace alzar la vista a las alturas con sed de eternidad. Eso es lo vertical que hay en la cruz. Mas no debemos olvidar a los hombres que sufren y nos necesitan. También nuestra mirada y nuestro amor han de alcanzarlos. Ese es el brazo horizontal, sin el cual la cruz no se completa. Tú, que ya amas a Dios, ve a buscar a tus hermanos y sírvelos en el amor.

El joven luego supo que San Virila decía la verdad, y fue a buscar en el mundo de los hombres el otro brazo de la cruz.

◄◦►

Jean Cusset, ateo con excepción de la vez que escuchó el *Magnificat* de Bach, dio un nuevo sorbo a su martini –con dos aceitunas, como siempre– y continuó:

–Dios, que expulsó del Paraíso al hombre y a la mujer, no expulsó de él a los animales. Eso quiere decir que no han perdido su inocencia. Nosotros, en cambio, pervertimos la original animalidad que había en nosotros y llegamos al extremo de llamar malo, bajo y sucio a lo que de animal hay en nosotros.

–»Hemos enredado con mil absurdas confusiones la santa simplicidad de nuestro instinto –siguió diciendo Jean Cusset–. Alguna vez, quizá después de veinte siglos más de errores y luego de una larga y penosa evolución espiritual, llegaremos a ser de nuevo tan puros y tan inocentes como los animales.

Así dijo Jean Cusset. Y dio el último sorbo a su martini, con dos aceitunas, como siempre.

———◦———

Yo soy católico por dos grandes razones: mis padres y mi Madre.

Quiero decir que profeso el catolicismo porque en esa religión nací; en ella me bautizaron mis papás. Con profundo respeto a la opinión de otros, esa es en mí razón más que suficiente para no cambiar de religión. No voy a abandonar la herencia que de mis padres recibí.

Soy católico por mis padres, pues. Pero, sobre todo, soy católico por mi Madre. Siento a María como una madre en cuyo amor y ternura encarna la parte femenina del infinito amor de Dios por sus criaturas. Me conmueve el dolor de María ante el sufrimiento de su Hijo en el calvario. Y no renunciaría por nada a esa presencia que en la hondura misteriosa de la fe católica se vuelve tan real, tan entrañable.

Leo en los Evangelios los hechos de María y lamento no llevar el mismo nombre de mi papá, que se llamó Mariano.

———◦———

El padre Soárez charlaba con el Cristo de su iglesia.

–Señor –le preguntó–, ¿tú crees que un sacerdote de Cristo deba tener opción preferencial por los pobres?

–Caramba, Soárez –dudó un poco Jesús–. La verdad nunca he sentido preferencia por las opciones preferenciales.

Mi doctrina es de amor, y el amor, como el sol, debe llegar a todos. Opción preferencial por los pobres... Y ¿dónde dejamos a la clase media? De ahí provengo Yo. Nací en un pesebre, es cierto, pero los que hacen opciones olvidan que tal cosa sucedió porque ya no hubo sitio en el mesón. Si mis padres llegaron a una posada eso significa que tenían con qué pagarla.

—Entonces, Señor –insistió el padre Soárez–, ¿no aceptas la opción preferencial por los pobres?

Respondió Jesús:

—La aceptaré a condición de que recuerdes que ante Dios todos los hombres son pobres.

Pensó el padre Soárez en la pobreza de la condición humana y se dispuso a ejercer la opción preferencial por los pobres. Es decir, por todos los hombres.

—◄◦►—

VARIACIÓN OPUS 109
SOBRE EL TEMA DE DON JUAN

Llegó Don Juan a las puertas de la morada celestial, y San Pedro le impidió la entrada. El seductor se sorprendió. Le dijo:

—Pensé que me darías el paso. Fuiste casi tan humano como yo.

Respondió el apóstol de las llaves:

—No te cierran la puerta tus pecados: te la cierra tu falta de arrepentimiento.

Contestó el seductor:

–No puedo arrepentirme de haber amado. Pero me arrepiento de no poder arrepentirme.

En eso las puertas del Cielo se abrieron, y una gran voz se oyó en el interior:

–Que pase.

Así supo San Pedro que el Señor perdona nuestros pecados de amor, aunque no nos arrepintamos de ellos, a condición de que sintamos arrepentimiento por no poder arrepentirnos.

———◄◦►———

HISTORIAS DE LA CREACIÓN DEL MUNDO

Adán estaba triste.

Pero entonces Dios hizo a la mujer, y aquella tristeza desapareció.

Luego sucedió el afortunado incidente de la manzana, y el Señor expulsó del Paraíso a Adán y a Eva.

Pensó el Creador que el hombre iba a andar triste. No fue así.

–¿Por qué te veo alegre? –le preguntó–. ¿No sufres? ¿No extrañas los gozos y delicias del Paraíso Terrenal?

–Señor –le contestó él–, voy a explicarte algo. Para cada hombre, un paraíso sin la mujer amada es un infierno, y el infierno con ella es un edén.

Cuando murió Dom Ceco, abad del convento donde vivía San Virila, un delicado aroma como de rosas llenó la celda del difunto.

¡Milagro! –dijeron los frailes. Y anunciaron al pueblo que Dom Ceco había muerto en olor de santidad. Pero cuando lo despojaron de sus hábitos para envolverlo en la mortaja, descubrieron un pomo de perfume entre las ropas del abad. Él mismo lo había puesto ahí. En el momento que se sintió morir lo quebró para crear la leyenda de su santificación.

Los aldeanos le rezaban a Dom Ceco, y le pedían milagros. Por esas oraciones un paralítico sanó; recobró la palabra un mudo y una mujer chismosa quedó muda.

San Virila comentaba:

–La santidad de Dom Ceco era mentira, pero sus milagros son verdad.

———◄○►———

Jean Cusset, ateo con excepción de la vez que leyó a Darwin, dio un nuevo sorbo a su martini –con dos aceitunas, como siempre– y continuó:

–Las religiones se basan en el miedo que los hombres tenemos de la muerte. No sabemos qué hay en el más allá. ¿Cómo podemos saberlo si ni siquiera sabemos bien qué hay en el más acá? Así, desde el tiempo de los egipcios, los profesionales de la religión empezaron a atemorizar a los humanos: «Cuando mueras, llegarás al tribunal del dios, y podrás ser condenado por él a un castigo eterno. Pero aquí estamos nosotros, dueños de ritos mágicos para la salvación. Te los podemos dar. Claro, a cambio de un estipendio». Así, se hizo de la religión una venta de esperanza.

–»Nos han enseñado a pensar en Dios –siguió diciendo Jean Cusset– como en un juez severo que acecha nuestra muerte para someternos al tremendo rigor de su justicia. No lo vemos como amoroso padre universal que nos aguarda para inspirarnos nueva vida. Hermosa religión sería aquella que se fincara en el amor a la vida, no en el miedo a la muerte. Amables hombres de religión serían aquellos que basaran su quehacer en el amor de Dios, no en el temor a un dios.

◄◊►

He aquí una historia para reflexionar.

Un hombre compró un rancho que estaba en el más absoluto de los abandonos: las tierras sin trabajar, la casa en ruinas, las cercas caídas y los árboles a punto de morir por falta de agua y de cuidados.

Se puso el hombre a trabajar. Más de 12 horas trabajaba cada día. Al cabo de unos meses, la finca quedó convertida en un jardín. Las tierras estaban cultivadas en toda su extensión; la casa era un albergue bello y cómodo; las cercas se veían como nuevas, y los árboles mostraban ya la promesa de los frutos.

El cura del pueblo fue a visitar el rancho y felicitó al nuevo propietario. Le dijo lleno de entusiasmo:

–¡Es increíble lo que Dios y tú han hecho de este rancho!

–Gracias, padre –respondió cortésmente el individuo–. Pero ¡hubiera usted visto cómo estaba cuando Diosito lo trabajaba él solo!

Lo dije al principio: ésta es una historia para reflexionar.

—◇—

El padre Soárez terminó de poner el nacimiento en su capilla. Le preguntó Jesús:

–¿Por qué no pones también un árbol de Navidad? ¡Son tan bonitos!

–Ésa es una costumbre extranjera –dijo el padre Soárez.

–Para mí no hay extranjeros –replicó Jesús–. Anda, pon también un pino con esferas y foquitos de colores. Recuerda que en estos días me hago niño, y a los niños nos gustan mucho las luces y el color.

Suspiró el padre Soárez y fue a traer un pino. ¿Quién puede resistir los deseos de un niño? Puso el árbol junto al Nacimiento, y lo adornó.

–Pero no tengo estrella –dijo.

–Ésa la pongo yo –ofreció Jesús.

Tomó la más pequeña estrella de todo el Universo, y la puso en el pino. La gente la veía lucir, esplendorosa, y preguntaba al padre Soárez:

–¿Dónde compró la estrella, padre?

Y respondía él:

–No la compré. Me la regaló un niño.

En estos días mi señora y yo jugamos a la lotería con nuestros nietos. Incluso los pequeños conocen sus figuras ya: la maceta, el sol, el pino, la chalupa…

Yo tengo mi propia tabla. En ella está inscrita la palabra «Abuelito», que equivale a título de propiedad. Aparecen entre sus 16 figuras la dama y el catrín, y junto a ellos el diablito.

El diablito… No se llama en la lotería «diablo», sino «diablito»; así, con cariñoso afecto. ¿Por qué el diminutivo? ¿Será que no lo queremos ofender llamándolo por su ominoso nombre: diablo? ¿Será que en cada uno de nosotros va un diablito, y por eso lo tratamos con familiaridad?

Quién sabe… El caso es que en la lotería está el diablito. También está en el nacimiento navideño, tentando al ermitaño a espaldas del portal del Niño.

Igualmente, va en mí ese diablito. No me incomoda su presencia, lo confieso. Ya estoy acostumbrado a él, y sé que siempre irá conmigo. Pero lucho para que no se vuelva diablo; para que siga siendo en mí, como en la lotería, simplemente «el diablito».

———◦———

Malbéne acaba de publicar un breve texto en la revista *Pruna*, de Lovaina. Los conceptos del discutido teólogo son siempre debatibles, pero estos de su más reciente artículo seguramente serán motivo de impugnación mayor. Leamos:

«En todas las religiones, hay hombres y mujeres que se apartan del mundo a fin de consagrarse a la divinidad. Pero sucede que la divinidad no los necesita para nada. Sí los necesita, en cambio, el prójimo. Es más noble y más digno de alabanza un zapatero que aquel que se consagra sólo a la meditación contemplativa, pues éste no da nada a sus hermanos; en cambio, el zapatero ayuda a la obra de Dios, que ama a sus hijos y no quiere que se hieran los pies cuando caminan».

Es difícil saber si Malbéne habla en sentido recto o figurado. Aun así, se puede decir que su sentido recto es muy figurativo, y que su sentido figurado suele tener siempre mucha rectitud.

———◄o►———

HISTORIAS DE LA CREACIÓN DEL MUNDO

El Señor hizo a los árboles: al viejo encino y al misterioso roble; al ciprés cinerario y al empinado pino; al chopo de Machado y al baobab de Daudet; al ombú, también llamado bellasombra, al llorador sauz...

El Señor hizo a los árboles, y los árboles hicieron al mundo un mejor mundo. Le dieron su aire claro, su fresca sombra; le dieron la madera de su tronco y su preciado fruto. Los hombres, sin embargo, pagaron mal la generosidad de los árboles. Los talaron, los quemaron, los destruyeron de tal forma que a punto estuvieron de acabar con ellos.

El Señor, lleno de compasión, miró a los árboles y les dijo:

—De haber sabido lo que los hombres iban a hacer con ustedes, no los habría hecho.

—¿No nos habrías hecho a nosotros? —preguntaron los árboles con desolación.

—No —precisó el Señor—. No habría hecho a los hombres.

———◇———

Jean Cusset, ateo con excepción de cuando le duele una muela, dio un nuevo sorbo a su martini —con dos aceitunas, como siempre— y continuó:

—El persa Manes, que vivió en el siglo tercero de nuestra era, inventó la doctrina de su nombre: maniqueísmo, según la cual la materia es el mal y el espíritu es el bien, y nunca jamás podrán reconciliarse.

—»Hace mucho tiempo —siguió diciendo Jean Cusset—, Manes murió crucificado, como Cristo. Y sin embargo, hemos vivido siempre entre maniqueísmos. Fueron maniqueos los antiguos teólogos que sostuvieron durante siglos que todas las cosas del cuerpo —como el sexo— son malas, y buenas todas las del alma. Son maniqueos los modernos teólogos de la liberación. Ellos afirman que todos los pobres son buenos y todos los ricos son malos. Al postular eso, olvidan el supremo mandamiento de unir a todos los hombres en el amor.

En eso pasó junto a Cusset una mujer hermosa.

—¡Qué cuerpo, mi alma! —dijo él.

56

Y dio el último sorbo a su martini, con dos aceitunas, como siempre.

———◄○►———

Llegó aquel hombre a las puertas del Cielo, y el Señor lo recibió. Le dijo el hombre:

–Sé que no me dejarás entrar en tu casa.

–¿Por qué? –le preguntó el Señor.

Respondió el hombre, avergonzado:

–Yo soy el posadero que no dejó entrar a tus padres en el mesón, la noche de Belén.

–Entra de cualquier modo –le dijo el Señor–. Mi casa es más grande que la tuya.

———◄○►———

Me habría gustado conocer a Karl Barth, teólogo suizo. Dijo esto: «Puede ser que cuando los ángeles cumplen su tarea de alabar a Dios lo hagan con música de Bach. Pero estoy seguro de que cuando se juntan en familia, ya en confianza, tocan música de Mozart. Y el buen Dios los oye entonces con especial contentamiento.»

No puede haber comparación posible entre ambos músicos. El genio es la región de los iguales, y la obra maestra es igual a la obra maestra. Pero no cabe duda de que ante la severa majestad de la música de Bach, las gráciles armonías de Mozart están tan cerca de lo humano que alcanzan lo divino.

Me habría gustado conocer a Karl Barth, teólogo suizo. Sabía de teología y sabía de música. Y por eso sabía también de Dios y de los hombres.

—◆—

Malbéne, controvertido teólogo, publicó un artículo en el último número de la revista del Departamento de Filosofía de la Universidad de Standford. Destaco unos renglones de ese texto:

«Alguna vez encontraremos que la materia tiene espíritu, y que hay en el espíritu algo material. Es demasiado pronto para saberlo, pero un día la ciencia encontrará lo que hasta ahora la religión y la filosofía no han podido hallar. Sabremos entonces que la piedra tiene alma, y que eso que llamamos espíritu tiene un cuerpo que hoy no percibimos, pero que alguna vez podremos conocer. La espiritualidad de la materia... La materialidad del espíritu... He ahí objetos de conocimiento que alguna vez poseeremos.»

Seguramente, esta extraña meditación de Malbéne sorprenderá a algunos, pero a Malbéne no le sorprende nunca saber que ha sorprendido.

—◆—

HISTORIAS DE LA CREACIÓN DEL MUNDO

El Señor hizo todas las hermosas piedras que sirven para adornar la Tierra: el jade, el pórfido, la malaquita, el alabastro, el ónice...

Al final dio vida al mármol. El mármol, como todas las piedras, tiene vida; una secreta vida que no conoce el hombre. El mundo es un gran cuerpo con alma. Así, no hay sobre él ninguna criatura inanimada. La materia que llamamos inerte es pre-vida. Lo supo aquel poeta que se quitaba las sandalias «por no herir a las piedras del camino».

Adán vio el mármol. Parecía hecho al mismo tiempo con la blancura de la nieve, la dura firmeza del diamante y el brillo lejano de la estrella.

–Señor –preguntó Adán–, ¿creaste el mármol para hacer el palacio de los reyes? ¿Para poner el piso en las mansiones de los potentados?

–No –dijo el Creador–. Lo hice para que Miguel Ángel hiciera *La Piedad*. Todo el resto del mármol que en la Tierra quede será el sobrante de esa estatua. Los hombres podrán hacer lo que quieran con él.

––◦––

–Haz un milagro para poder creer.

Así dijo a San Virila aquel incrédulo.

El santo hizo un movimiento de su mano y el escéptico se elevó por el aire hasta quedar a la altura de la más alta aguja de la catedral.

–¡Bájame, por favor! –gritó el infeliz lleno de espanto.

–Ese sería otro milagro –le gritó el santo a su vez–. Tú nada más pediste uno.

Allá arriba el hombre empezó a manotear con desesperación. Divertida, la gente de la aldea reía a carcajadas. San

Virila hizo entonces otro movimiento y el hombre descendió con suavidad hasta llegar al suelo.

–¿Crees ahora? –le preguntó Virila.

–Sí –respondió el desdichado, tembloroso–. No necesito más milagros.

San Virila regresó a su convento. Por el camino iba compadeciendo a los pobres de espíritu cuya fe nace del miedo.

—◇—

Jean Cusset, ateo siempre con excepción de la primera vez que vio sonreír a su hijo, dio un nuevo sorbo a su martini –con dos aceitunas, como siempre– y continuó:

–Yo amo las oraciones que aprendí de mi abuela y de mi madre: el dulce *Ángelus* que pintó Millet y el angustioso clamor esperanzado de la *Salve Regina* medieval. Amo el Credo tridentino, tan rotundo. Y amo las ingenuas oraciones que salían de boca de mi vieja nodriza campesina, asustada por las cosas que no entendía y más asustada aun por las que conseguía entender: «Enemigos veo venir, sangre de mis venas quieren, yo no se la quiero dar. ¡Alabado sea el Santísimo Sacramento del altar!».

–»Amo esas oraciones –siguió diciendo Jean Cusset– porque las aprendí de gentes que creían, y en las que creo yo. Las recito de pronto, y en cualquier parte. A veces hasta en un templo, porque hasta en un templo se puede rezar.

Así dijo Jean Cusset con esa suave sonrisa que unos dicen puso en su rostro la sabiduría, pero que él atribuye a un martini adecuadamente preparado, con dos aceitunas, como siempre.

En plena Primera Guerra Mundial, enfrentados alemanes y americanos en una lucha a muerte, los niños de Berlín comían alimentos enlatados en los Estados Unidos.

Era el tiempo de la terrible guerra de trincheras. Separados apenas por unos cuantos metros –«la tierra de nadie»– los soldados combatían mes tras mes contra un enemigo al que ni siquiera podían ver. Durante el día, se disparaban unos a otros. Pero llegaba la noche, y lucía el espléndido cielo del verano. Las luciérnagas cintilaban; los grillos empezaban a cantar… Una infinita sensación de paz se adueñaba de los hombres. Y entonces los soldados americanos se olvidaban de que los alemanes eran sus enemigos, y a ocultas de sus oficiales les arrojaban latas que aquéllos recogían y enviaban luego a sus familias, más hambrientas aún que ellos.

La locura de los poderosos es causa de males como la guerra. En el hombre sencillo, sin embargo, laten los eternos sentimientos de la bondad y el amor, que a veces esperan sólo el canto de un grillo para renacer.

El padre Soárez platicaba con el Cristo de su iglesia.

–Señor –le decía–, tengo miedo de morir.

Le contestó Jesús:

–La culpa es de ustedes, los profesionales de la religión. Se han ocupado siempre de inspirar a los hombres el miedo a la muerte. Les dicen que tras ella deberán comparecer ante un Juez severo, y aun vengativo, que podrá condenarlos a un eternal castigo. Con ese miedo, han lucrado los vendedores de Dios. Han hecho una mercadería de la esperanza de la vida eterna. No temas tú a la muerte. Si alguna enseñanza quise que guardaran los hombres es la de la fe en una vida que no acaba.

—Entonces, Señor —preguntó el padre Sóarez—, ¿no le debo temer a la muerte?

—No —le respondió Jesús—. A menos que le temas también a la vida.

◦

Me habría gustado conocer a Miss Louella Brighton, vecina de un pueblo en el sur de los Estados Unidos. Era soltera, pertenecía a todos los clubes de damas del condado, escribía sobre temas literarios en el periódico local, no faltaba nunca a la iglesia los domingos, y por las tardes tomaba el té con sus vecinas.

Cierto día, alguien dejó un canasto en la puerta de la casa de Miss Louella. En el canasto estaba un niño, un negrito de meses que tendió los brazos cuando ella se inclinó a recogerlo.

Después de que el *sheriff* hizo averiguaciones y no dio con la madre del pequeño, Miss Louella se quedó con él y lo crió como si fuera su hijo. Las vecinas dejaron de invitarla, los clubes no le avisaban cuándo sería la siguiente junta, y el periódico no tuvo espacio ya para sus colaboraciones.

El pastor de la iglesia le dijo a Miss Louella que lo que estaba haciendo era incorrecto.

–Reverendo –contestó ella–, yo creí que cuando hablaba usted de cristianismo estaba hablando en serio.

Me habría gustado conocer a Miss Louella. Sabía que es fácil hablar de cristianismo, pero que es muy difícil ser cristiano.

—◁◦▷—

HISTORIAS DE LA CREACIÓN DEL MUNDO

El Señor hizo el mundo, y vio que todo era bueno. Mejor aún: vio que todo era bello. Bello el mar, con sabor y misterios de mujer, y fuente de la vida, como ella. Bello el cielo con su rebaño de nubes, con su sol, su luna y su alfabeto Morse de estrellas. Bello el crepúsculo matutino, porque después de él viene el día; y más bello aún el crepúsculo vespertino, porque después de él llega la noche...

Le dijo el Creador a Adán:

–No encuentro palabras para decir cuán hermoso es todo lo creado.

Dijo eso el Señor; se quedó pensando, y luego chasqueó los dedos, como si de repente se le hubiera ocurrido una maravillosa idea. Hizo un ademán, y el mundo se cubrió de flores. Hubo rosas, claveles, gladiolas, tulipanes, orquídeas, lirios, nardos, azucenas, margaritas, gardenias, magnolias, siemprevivas...

Le dijo el Padre al extasiado Adán:

—No podía decir lo bello que es el mundo, pero recordé aquello de: «Dígalo con flores». Y lo dije.

En efecto: con flores todo se puede decir. Hasta el amor que con palabras no se puede decir, se puede decir con flores.

—◇—

El escéptico le pidió a San Virila que le hiciera un milagro para poder creer.

—A las 12 de la noche en punto verás un gran milagro —le ofreció el santo.

Al día siguiente, el incrédulo hacía burla de San Virila.

—Nada pasó a las 12 de la noche —le dijo—. Esperé despierto a ver qué sucedía y nada sucedió.

—¿Acaso no te diste cuenta? —respondió sorprendido San Virila—. Un nuevo día comenzó en el mundo. Ése es un hermoso milagro que a todos nos debería asombrar.

Cuando escuché este relato de San Virila pensé en el gran número de milagros que han llegado a mi vida sin darme cuenta y sin agradecerlos.

—◇—

Jean Cusset, ateo siempre con excepción de la vez que vio un nido de colibrí, dio un nuevo sorbo a su martini —con dos aceitunas, como siempre— y continuó:

—Estoy seguro de que la tarea de un confesor es aburrida. Pienso que muchos de los pecados que la gente confiesa son de sexo. Los antiguos teólogos tenían pánico a la carne, e inventaron un infinito catálogo con todas las variaciones que da a la lujuria la lujuriosa imaginación de los que temen a la lujuria.

–»Sin embargo –siguió diciendo Jean Cusset– ese pecado, por su misma privacidad, daña a muy pocos. Habría que hacer ahora el catálogo de los pecados públicos, que no confiesa nadie nunca. «Tuve un mal pensamiento» –dicen muchos–. Pero no hay quien diga: «Pago mal a mis trabajadores».

–»Yo haría de los pecados venéreos simples pecados veniales. Después de todo, son culpas de la carne, tan débil la pobrecilla, tan perecedera. Los pecados verdaderamente graves son los que hacen que un hombre dañe a otro. Y entre ellos el pecado de la injusticia es el mayor.

Así dijo Jean Cusset. Y dio el último sorbo a su martini, con dos aceitunas, como siempre.

—◀◦▶—

«Si Tú me dices ven, lo dejo todo...», escribió Nervo.

Por mucha gracia que eso tenga –y tiene mucha– no tiene mucha gracia.

También yo lo dejaría todo si Él me dijera: «Ven».

Lo difícil sería dejarlo todo si me dijera: «Ve».

«Ven» es invitación a ir hacia arriba, hacia Él. Y todos queremos ir a Dios.

«Ve», en cambio, es orden de ir hacia nuestros hermanos, a servirlos, a compartir con ellos trabajos y dolores.

En una sola letra estriba nuestra salvación. La palabra «*i*» en latín significa «ve» o «anda». Es el imperativo de «*ire*», ir.

El que escuche esa letra y siga su dictado irá a su prójimo.

Y de la mano de él llegará a Dios.

———◦———

El padre Soárez platicaba con el Cristo de su pequeña iglesia.

—Señor —le preguntó—, ¿qué opinas de las religiones?

Le contestó Jesús:

—La verdad, Soárez, a mí no me gusta que ustedes hablen tanto de religión. En eso pierden mucho tiempo que podrían emplear en alguna obra de bien. Además, las discusiones sobre religión generalmente acaban en forma poco religiosa. Pero te voy a contestar. El problema con las religiones es que su origen está en el temor a la muerte. Deberían haberse inspirado en el amor a la vida. La religión ha de unir: la idea de esa misión está en su nombre. Y es el amor el que une, en tanto que el temor divide. Por eso hay tantas religiones. No debería haber más que una: la religión del amor.

El padre Soárez no entendió muy bien, pero calló. Algo, sin embargo, alcanzó a percibir: le pareció que a Cristo le interesaba más el amor que las religiones.

———◦———

Murió un ateo, y el Señor le dijo que lo admitiría en el Cielo.

–¿Cómo es eso? –se sorprendió el ateo–. ¡Jamás creí en Dios!

–Pero Yo sí creí en ti –respondió el Padre.

–No profesé ninguna religión –siguió el ateo sin ocultar su asombro–, y nunca fui a ninguna iglesia.

–Tantas son –replicó el Señor– que ni yo mismo puedo ya contarlas. Pero tú hiciste el bien a todos, y a ninguno el mal. Practicaste la mejor religión: la del amor. Entra, pues, en el Cielo. Una cosa te pido solamente: no dejes que los teólogos te vean ni los predicadores. Ellos creen en algunas cosas en las que no creemos ni tú ni Yo. Comparado con ellos, Yo también soy un poco ateo.

―◦―

Malbéne, controvertido teólogo, acaba de publicar un artículo en la revista de la Universidad Católica de Glasgow. En su texto pone estas palabras:

«El mal ya está en el mundo. Es lo que se ha llamado el pecado original. El bien, en cambio, es algo que cada día debe hacerse. A nosotros nos corresponde hacerlo. Las buenas obras, sean de verdad, de belleza, de justicia o de bien, contrastan ese mal que ya está ahí, y le quitan territorio. Hagamos el bien, entonces, pues el mal está hecho ya».

No deja de ser extraña esta tesis de Malbéne que seguramente causará polémica. Al margen de sus implicaciones de teología, sin embargo, propone una lección sencilla: la del bien. Del bien ha dicho este escritor que es «el amor que se levanta las mangas y se pone a trabajar». Quizá esta frase nos ayude a entender el reciente artículo del lovaniense.

———◦———

HISTORIAS DE LA CREACIÓN DEL MUNDO

Cuando el Señor hizo a la rosa había solamente rosas blancas.

Pero eso no le importaba a la rosa. Otra cosa le disgustaba. Reclamó:

–Señor, me hiciste ser la flor más bella. Ninguna tiene mi suavidad de pétalos de rosa; ninguna la opulencia de mi corola abierta; ninguna mi perfume, que primero un poeta y después mil cursis llamarían embriagador. ¿Por qué entonces, Señor, dejaste que Adán me bautizara con un nombre tan simplón, y me llamara solamente «rosa»? Ve cómo se llaman otras flores: oxicanto, narciso, heliantemo, nenúfar, rododendro, cinamono, bugambilia, azálea, jacaranda, plúmbago... ¿Por qué yo «rosa», nada más?

–Te quejas sin razón –contestó Dios–. Tu nombre tiene el mismo número de letras que mi nombre. Los estudiantes de latín lo declinarán mil veces. Shakespeare y Gertrude Stein hablarán de él... Además, no imagino a ningún músico poeta cantando: «Rododendro deslumbrante, divino rododendro que encendió mi amor».

La rosa, avergonzada por aquella justa represión, se puso de todos colores.

Por eso ahora hay rosas blancas, rosas rojas, rosas amarillas, rosas jaspeadas... Y rosas rosas.

◅◦▻

Jean Cusset, ateo con excepción de la vez que vio un fresco de Giotto, dio un nuevo sorbo a su martini –con dos aceitunas, como siempre– y continuó:

–Había en Europa terribles epidemias. La Iglesia hacía que sus fieles acudieran a los templos para pedir a Dios que levantara aquel castigo que había hecho caer sobre los hombres por sus pecados. En aquellas grandes aglomeraciones, la epidemia se propagaba más y miles de hombres y mujeres morían por causa de su apego a las enseñanzas de la religión.

Siguió diciendo Jean Cusset:

–Llegará el día, quizás, en que la Iglesia deberá pedir perdón por haberse opuesto al uso del condón. En situaciones como ésta no hay que hacer mucho caso de sermones. La fe es virtud valiosa, pero a veces debemos ponerla más en la ciencia que en los predicadores.

Así dijo Jean Cusset. Y dio el último sorbo a su martini, con dos aceitunas, como siempre.

◅◦▻

Aquel escritor visitó un cementerio. Se sorprendió al ver que las fechas de nacimiento y muerte que se leían en las lápidas mostraban muy pocos años de vida: un año, dos o tres... Le preguntó al sepulturero:

69

–¿Es que sólo hay niños en este panteón?, ¿y todos muertos a muy corta edad?

–No, señor –respondió el hombre–. Todos los que aquí están son hombres y mujeres maduros. Los años inscritos en su lápida muestran el tiempo que en verdad vivieron. Ahí están sumados los días de amor, de plenitud, de bien; los días vividos lejos de la rutina, la indiferencia, el egoísmo, la falta de interés en los demás… Por eso los que están aquí vivieron tan poco: porque la mayor parte de sus días no los vivieron bien.

Cuando salió del cementerio el escritor iba pensando cuál sería su edad. ¿Un año? ¿Dos, acaso? ¿Tres?

◄◦►

El último texto que escribió Malbéne para la revista *Lumen* presenta extrañas resonancias líricas. Dice el controvertido teólogo:

«Quién sabe si al pisar la tierra estaremos pisando polvo de la Vía Láctea, y quién sabe si al llegar a la Vía Láctea encontraremos polvo de la tierra. Descubriremos, entonces, que todo está en todo; que todo está en el Todo.»

Garrigou-Lagrange comentó este artículo en los siguientes términos:

«No sé si esto es teología o es poesía, pero en todo caso diré que quizá la poesía es una forma de teología, y que a lo mejor la teología es una forma de la poesía».

En efecto, es difícil a veces aprehender cabalmente el sentido de las palabras de Malbéne. Sin embargo, siempre está en ellas la intuición del Misterio. El hecho de sentir ese Misterio es suficiente recompensa para el lector del lovaniense.

———◄◦►———

HISTORIAS DE LA CREACIÓN DEL MUNDO

El Señor hizo a Adán del polvo de la tierra.

Después de hacer su cuerpo le puso alma: insufló en el hombre el soplo del espíritu. Luego el Creador convocó al cuerpo y al alma, y les dijo:

—Habrá quienes dirán que entre vosotros hay perpetua enemistad; que sois enemigos en permanente lucha. Eso no es cierto. La carne y el espíritu son obra mía por igual. Valiosos los dos, se implican mutuamente: aquello que es bueno para el cuerpo es también bueno para el alma; lo que hace daño al alma daña igualmente al cuerpo. El hombre es un espíritu encarnado, y es al mismo tiempo un cuerpo espiritual. La recta sabiduría del hombre consistirá en hacer que haya armonía entre la carne y el espíritu, entre su cuerpo y su alma. Quien logre eso, además de ser sabio será también feliz, que es una bella forma de sabiduría.

Con tan largo sermón el cuerpo y el alma bostezaron.

—¡Ah! —suspiró tristemente el Señor—. Debí haber puesto más cuerpo en el alma, y más alma en el cuerpo.

El incrédulo le pidió a San Virila que hiciera un milagro para poder creer. El santo le dijo que le trajera un grano de trigo. Cuando el hombre lo trajo, Virila se puso el grano de trigo en la palma de la mano y sopló levemente sobre él. Ante la asombrada mirada del escéptico, el grano de trigo germinó: surgió el tallo con pequeñas hojas verdes, brotó la espiga, se doró y cayeron en la mano de Virila cien granos de trigo más.

–¡Milagro! –exclamó entonces el incrédulo.

Y le dijo Virila:

–No hice otra cosa más que aquello que ves cada año en los trigales. Sólo que lo hice con rapidez mayor. Ahora sé que no eres capaz de mirar los milagros que te rodean. Únicamente puedes advertir las prisas.

Jean Cusset, ateo con excepción de las veces en que se pone a pensar si en verdad es ateo, dio un nuevo sorbo a su martini –con dos aceitunas, como siempre– y continuó:

–Las religiones me causan miedo. Son tan beligerantes; hay en ellas tan poca tolerancia. Quienes son muy religiosos suponen que su religión es la única verdadera, y odian, desprecian o compadecen a quienes no pertenecen a ella. Por motivos de religión los hombres se han perseguido unos a otros, se han matado. En el mejor de los casos las diferencias de religión son origen de suspicacias y de hostilidad.

—»Pienso —siguió diciendo Jean Cusset— que la mejor religión es el amor. Y creo que el mejor rito religioso consiste en hacer el bien, pues el bien no es otra cosa que el amor que se ha levantado las mangas para trabajar. Si Dios es Amor —otra cosa en verdad no puede ser—, entonces quien hace el bien lo adora mejor que en cualquier ceremonia. Nadie diga que es hombre religioso si no hace el bien a los demás. Amar y hacer el bien: he ahí la liturgia más hermosa y santa.

Así dijo Jean Cusset, y dio el último sorbo a su martini, con dos aceitunas, como siempre.

———◦———

Hagamos el elogio de los días que son como todos los días.

Digamos la alabanza de las cosas pequeñas, cotidianas y sencillas.

La almohada, tibia como una esposa, y como ella igual de conocida.

El café en las mañanas, lento a pesar de toda prisa.

El ir a trabajar: a barrer, a hacer letras o números, o casas, o pan, o vino, o sillas.

El salir a abrazar al amigo, a la amada, a abrazar al amor. Quiero decir, salir a abrazarse con la vida.

El volver a la casa, y encontrar que es la casa todavía.

Escribamos un poema a las horas que son iguales a las de ayer y de mañana; que son otras y, sin embargo, son las mismas.

Proclamemos la gloria de esa ignorada gloria que no sabemos ver, sino cuando la vemos ya perdida.

Cantémosle un himno al día que es como el otro día, y como el otro el otro el otro el otro día.

—◅○▻—

Bendice, Señor, a los obreros de las fábricas, que ponen alma en la materia de las máquinas y sacan de ellas las cosas que los hombres necesitan.

Bendice, Señor, a los campesinos, de cuyas manos, como de las tuyas, sale el pan nuestro de cada día.

Bendice, Señor, a aquellos que en las oficinas, en las tiendas, en las escuelas, en las calles hacen posible la vida de la comunidad.

Bendice, Señor, a los que en las inmensidades del mar o en las profundidades de la mina ponen en riesgo su vida para ganar la de los suyos.

Bendice, Señor, a los artistas que nos dan poemas, canciones, colores y todas las bellezas que nos abren los ojos a la belleza que formaste Tú.

Bendice, Señor, a las mujeres que en la humildad de la escoba y la cocina crean el prodigio de un hogar.

A todos ellos bendícelos, Señor.

Y ten piedad de aquellos que quieren ganar la vida con su astucia o su maldad, y no con su honrado trabajo de cada día. De ellos compadécete, Señor.

—◅○▻—

Malbéne publicó un artículo en el número correspondiente a abril de la revista *Prière*, editada por el Seminario Teológico de Lyon. En su texto, el discutido autor escribe:

«No digo: "Dios eterno". Yo digo: "Cristo ahora". Lo primero me lleva a la teología, a la abstracción. Lo otro me conduce al bien actual, a la obra que da vida a la fe y la hace fructificar entre los hombres. No es que la fe sin obras esté muerta: es que la fe sin obras no es verdadera fe; es vana y estéril creación mental». Y concluye: «El problema de algunas iglesias cristianas es que han tenido demasiados teólogos y muy pocos cristianos.»

Expresiones como éstas de Malbéne suelen crear mucha polémica. Pero él ha dicho: «No soy un polemista. Soy sólo un hombre de religión que para estar cerca de Dios se acerca a sus criaturas».

———◄◦►———

HISTORIAS DE LA CREACIÓN DEL MUNDO

El Señor hizo al Hombre.

A su imagen y semejanza hizo el Señor al Hombre. Lo hizo capaz de toda la sabiduría y lo hizo capaz de toda bondad, que es la forma más alta de la sabiduría.

Pero el Hombre, soberbio, se apartó del camino que le trazó el Creador, y fue por las oscuras sendas del mal.

Se entregó al odio: abrió su corazón al egoísmo; en él brotaron las malas hierbas del rencor. Hizo la guerra, oprimió a sus semejantes, fue injusto, se dedicó a buscar la riqueza. Y así en la tierra hubo maldades y violencia, y hubo hambre y opresión.

Y contempló el Señor al Hombre, y vio sus obras. Y muy compungido, como un niño que se arrepiente, dijo luego:

—¡Ya no lo vuelvo a hacer!

Isaiah Berlin solía recordar aquel viejo cuento judío según el cual un rabino iba cierta noche por un oscuro bosque. De pronto, le salió al paso un espantable monstruo. Lo vio el rabino y exclamó:

—¡Bendito sea el Señor nuestro Dios, que tanta variedad puso en sus criaturas!

La idea de igualdad puede ser muy tentadora, pero en el fondo es peligrosa. Es lo que han buscado todos los totalitarismos. Lo verdaderamente humano es la diversidad que nos distingue de otros seres animados, iguales entre sí, y donde cada miembro de la especie hace lo mismo que los demás.

El hombre no es una hormiga ni una abeja. Sus posibilidades de ser y hacer son infinitas. No sólo hay Bach: hay también Mozart, y Beethoven y Brahms. (Y los Beatles, y Lara, y José Alfredo).

Lo mejor que me puede pasar es que no todos sean como yo. Si lo fueran, el mundo sería muy aburrido. (Y ciertamente no muy bueno).

No sólo debemos admitir la diversidad, o tolerarla, debemos también agradecerla. Nos enriquece, nos hace plenamente humanos.

Bendita sea la diversidad. Gracias a ella todos podemos ser todo.

———◦———

Reunidos en la plaza pública, los hombres y las mujeres de la aldea dijeron a San Virila:

–Queremos ver un milagro.

–Está bien –les contestó el santo–. Pónganse de este lado las parejas que hayan sido felices en su matrimonio; que hayan pasado los años de la vida en el amor; que hayan sido tolerantes el uno con el otro, disimulando sus defectos y perdonándose sus mutuas faltas; que hayan educado a sus hijos con el buen ejemplo y les hayan trasmitido la fe en la existencia de un Dios providente, el respeto a la vida, el amor a la Naturaleza, la alegría de vivir, la noción de lo que se debe a los demás y también –muy importante– una buena dosis de sentido del humor.

Diez parejas se separaron de la muchedumbre y se colocaron al lado del santo.

–Muy bien –dijo entonces San Virila con una gran sonrisa–. Querían ustedes ver un milagro. Tengo el gusto de presentarles diez.

───◦───

Jean Cusset, ateo con excepción de la vez que enfermó su hijo, dio un nuevo sorbo a su martini –con dos aceitunas, como siempre– y continuó:

–Acerca de muchas cosas sabemos más de lo que en su tiempo supieron Aristóteles y Arquímedes, o en el suyo Einstein o Edison. Ningún sabio de la antigüedad supo lo que sabe hoy un muchachillo de escuela.

Siguió diciendo:

–Pero acerca de las cosas que verdaderamente importan: quiénes somos, de dónde venimos, a dónde vamos, sabemos lo mismo que supo el hombre de la Edad de Piedra: nada. Acerca del hombre no sabe nada el hombre.

Así dijo Jean Cusset. Y dio el último sorbo a su martini, con dos aceitunas, como siempre.

◦

Ugo di Bari es un pintor del cual muy raras veces se oye hablar. Petrarca, sin embargo, lo llamó alguna vez «el pintor de los ángeles, y el ángel de los pintores».

En su diario escribió Di Bari un relato interesante. Cuenta que en cierta ocasión pintó un rostro de Cristo. Por ese tiempo el artista vivía como un asceta, entregado a penitencias y mortificaciones con las que aspiraba a ganar la salvación. El Cristo que pintó le salió hosco, ceñudo, tanto que el pintor abandonó la tabla en un rincón de su estudio.

Sucedió, sin embargo, que algún tiempo después Ugo conoció a una mujer. La amó y fue amado por ella. Se desposaron y tuvieron hijos. La casa del artista, antes silenciosa y oscura, se llenó de luz, de risas infantiles. Y dice Ugo que cierto día, limpiando los rincones, halló aquel Cristo que había pintado. El rostro de Jesús se veía transformado. Ahora sonreía, y su semblante era todo de paz y de bondad.

De tal suceso, Ugo di Bari derivó una extraña idea. Dice en aquella página: «La felicidad de los hombres en el bien hace feliz a Dios, que es el sumo gozo, el sumo bien».

El padre Soárez charlaba con el Cristo de su iglesia. Le dijo que estaba preocupado, pues las cortas limosnas que recibía de sus humildes parroquianos no le aseguraban la despensa de la siguiente semana.

–Soárez, Soárez –lo reprendió Jesús con mansedumbre–. Parece que no has rezado nunca el Padre Nuestro. Recuerda que dice: «Danos hoy nuestro pan de cada día». No dice: «Danos hoy nuestro pan de cada semana...», ni pedimos el pan nuestro de cada mes o de cada año. El Padre quiere que a cada día le dejemos su afán. Con nuestro trabajo y con su bendición nos llegará el pan del siguiente.

Así habló el Cristo, y el padre Soárez ya no se preocupó.

———◦———

Me habría gustado conocer a Rafael Cansino-Assens, español, hombre de letras.

Hizo estudios sacerdotales en Sevilla, pero otro sacerdocio lo llamó, el de la poesía, y fue a Madrid. Ahí vivió la vida del escritor, que son muchas vidas. Un joven poeta escribió este recuerdo de Cansino-Assens:

«Amigos literarios de Andalucía me presentaron con él. Tímidamente lo felicité por un poema que había escrito, sobre el mar».

–Sí –me contestó–. Tengo que conocerlo antes de morir.

Me habría gustado tratar a Cansino-Assens. Era capaz de crear belleza aun sin haberla contemplado. Tal es la poesía: acto de pura creación. El poeta es un humano dios, y Dios es un poeta que concibió la imperfecta metáfora del hombre. Eso lo supo Borges, aquel joven poeta que recordaba a Cansino-Assens.

—◁◦▷—

HISTORIAS DE LA CREACIÓN DEL MUNDO

En el principio, Dios no había pensado crear la golondrina. La creó porque supo que iba a haber poetas.

—

Dios hizo al colibrí.
Y con el barro que le sobró hizo al elefante.

—

El Señor, que tanto ama a sus creaturas, hizo la Tierra para que el avestruz tuviera donde meter la cabeza.

—

El Señor hizo a los murciélagos para que los ratones tengan ángeles.

—◁◦▷—

Aquel hombre tenía miedo de sufrir, de modo que se puso a rezar para pedirle a Dios un paraguas que lo protegiera de los sufrimientos.

Cuando el Señor quiere darle una lección a alguien, le concede todo lo que pide. Así, le dio al hombre el paraguas que quería.

Y fue feliz con su paraguas aquel hombre. ¡Cómo se alegraba al ver que no le llegaban ya los sufrimientos! Su paraguas lo protegía de ellos. El problema es que el paraguas tampoco dejaba llegar las alegrías, los gozos de la vida. Y es que la vida es una lluvia que moja por igual a todos los humanos con días de felicidad y de dolor.

El hombre ya no lloraba, es cierto, pero tampoco reía ya. Su vida fue como una muerte. Por fin entendió la lección que Dios le daba, y cerró su paraguas. Y entonces sufrió. Y gozó entonces.

Es decir, vivió.

———◁○▷———

El rey, incrédulo como casi todos los monarcas, le pidió a San Virila un milagro para poder creer.

Hizo Virila un ademán. El monarca lanzó un grito y se llevó las manos al trasero.

—¿Qué me pasa? —preguntó asustado.

Le contestó Virila:

—Milagrosamente una hormiga te picó.

El pueblo estalló en carcajadas mientras el rey, turbado, se frotaba la parte dolorida.

—¿Crees ahora? —le preguntó Virila.

—Sí, creo —respondió el rey, asustado.

San Virila regresó entonces al convento. Por el camino sonreía. Iba pensando:

—¡Caramba, lo que puede hacer una hormiguita: es capaz de transformar a un rey!

Jean Cusset, ateo con excepción de la primera vez que escuchó la Sonata *Waldstein* de Beethoven, dio un nuevo sorbo a su martini –con dos aceitunas, como siempre– y continuó:

–Los hombres no deberían hacer sufrir a sus semejantes. Muchos sufrimientos hay ya en la vida que son inevitables. ¿Por qué añadir entonces otros que se pueden evitar? No podemos escapar del dolor, de las enfermedades, de la muerte... Esos sufrimientos llegan ineludiblemente. ¿Por qué, además, crear sufrimiento también nosotros? ¿Por qué causar pena a los demás con nuestras iras, nuestro abandono, nuestro desamor?

Se quedó pensativo Jean Cusset y luego dio otro sorbo a su martini:

–Quien hace sufrir a los demás es como una enfermedad. Por el contrario, aquel que alivia el sufrimiento de los otros, el que les da alegría o los consuela, el que les lleva amor, es como un bálsamo que alivia aquellas penas de las cuales no es posible huir. Yo, que rezo para que exista Dios, le rezo también para que me haga ser parte de la alegría de los demás, y no uno más de sus sufrimientos.

Así dijo Jean Cusset. Y dio el último sorbo a su martini, con dos aceitunas, como siempre.

—◦—

Me habría gustado conocer a San Felipe Neri. Amable santo es éste: cuentan quienes lo conocieron que sonreía siempre; era famoso por su buen humor. Solía decir: «La amargura es cosa del diablo; la alegría es don de Dios».

Gregorio Doval, uno de sus biógrafos, describe la muerte de San Felipe Neri: «Obró en él de tal manera la vehemencia del amor divino, tan grande fue su alegría en Dios, que un día, al ensanchársele el corazón de plenitud, le estallaron las costillas». El mismo San Felipe sonreiría al conocer la causa de su muerte. Ahora es el santo de los humoristas, que bien necesitan un patrono así, pues los humoristas son muchas veces gente triste.

Me habría gustado conocer a San Felipe Neri. Sabía que una sonrisa aligera el paso del peregrino que va en busca de la alegría eterna.

———◇———

En su primer sermón, el padre Soárez hizo una enérgica reprobación del vicio del alcohol.

Cuando acabó la misa, el párroco lo llamó y le dijo:

—El más generoso benefactor de la parroquia tiene cierta tendencia a estimular su espíritu con libaciones etílicas. No vuelvas a tratar en tus sermones el tema del alcohol.

En su segunda predicación, el padre Soárez afeó el vicio del juego. Su superior lo llamó a la sacristía y le dijo en voz baja:

—Todas las señoras que vienen aquí juegan a diario. Busca otro tema que no hiera su sensibilidad.

El tercer domingo el padre Soárez habló de la castidad, y condenó con palabras de fuego la fornicación y el adulterio. Otra vez el señor cura lo llamó y, sin darle ninguna explicación, le pidió que no volviera a hablar sobre ese asunto.

En su siguiente sermón el padre Soárez disertó sobre las ideas trascendentalistas de Platón. El señor cura lo llamó después y le dijo:

–Te felicito. Eres un gran predicador.

———◅◦▻———

Suenan como canción los versos de la infantil adivinanza:

«Arca monarca de buen parecer,
que un carpintero no la puede hacer;
sólo Diosito con su gran poder...».

Y surge la respuesta: es la nuez.

Mínimo y hermético, este perfecto cofre guarda dentro de sí la perfección cabal del universo. Ningún ingenio humano, con toda su grandeza, es capaz de crear esta magnificente pequeñez.

En una nuez caben todas las teologías y la ciencia toda. Y caben también el sol, la lluvia, los profundos secretos de la tierra... Por eso formulo ahora un compromiso público: el día que un hombre haga una nuez, yo me haré ateo.

———◅◦▻———

Malbéne acaba de publicar un artículo en *Theologie*, revista que aparece bajo el signo de la Universidad de Munz. Me llamó la atención un párrafo de ese texto del filósofo, y lo transcribo aquí:

«Pienso que poca religión hace menos daño que demasiada religión. El hombre que es excesivamente religioso acaba por creer que tiene trato personal con Dios, y se olvida de su prójimo. A quienes no tengan el don de la humildad, la lectura del *Reader's Digest* les será bastante más provechosa que la lectura de la Biblia. Aun en el caso de aceptar que haya "libros sagrados" no hemos de olvidar nunca que el hombre es el libro más sagrado.»

Con frecuencia, Malbéne escandaliza. Sobre todo en los últimos dos años, sus opiniones han suscitado desfavorables comentarios en el Osservatore. Empero, son justas las palabras que sobre él dijo en cierta ocasión Gabriel Marcel: «Nos hace disentir, y esa es la mejor forma de hacernos pensar».

———◅◦▻———

HISTORIAS DE LA CREACIÓN DEL MUNDO

No cabe duda –decía muy satisfecho Adán en su interior–, soy el rey de la creación. Estoy muy por encima de los animales. Yo tengo inteligencia; estoy dotado de razón. Las bestias, en cambio, se guían por su instinto. El Señor me dio el don precioso de la libertad, y puedo escoger entre diversas formas de conducta. Los animales, por el contrario, están sujetos a un modo que no pueden variar: las abejas hacen su miel y sus colmenas como las hacían desde que se construyeron las pirámides. Nada pueden modificar los animales; yo puedo transformarlo todo. No cabe duda: soy el rey de la creación.

En eso acertó a pasar Dios por ahí.

–Señor –le preguntó Adán–, ¿por qué yo soy libre y puedo cambiar mi vida, mientras los animales no pueden ser diferentes de como son?

–Bueno –le explicó el Creador–. Lo que pasa es que ellos acabaron de evolucionar y son perfectos ya. A ti te falta mucho todavía.

Ana se llama. Era bonita cuando joven, y fue muy pretendida, pero ni siquiera volvió la vista al paso del amor: faltó su madre siendo ella muy pequeña, y tuvo que cuidar a su papá.

Se casaron sus dos hermanos, y se fueron. Ella siguió al lado de su padre. Cuando la visitaban sus sobrinos sentía ternuras maternales. Tejía, tejía siempre, y hacía adornos para la cuna de los recién nacidos.

La vida se fue yendo poco a poco. Murió su padre. La casa se le hizo enorme de repente, pero no la dejó: eso hubiera sido morir un poco ella también. Con mansa serenidad, pasa los días ahora. Ninguna queja tiene. Recuerda mucho y, a veces, sin darse cuenta llora… Sólo a veces…

Tiene que haber un Cielo, ese Cielo que el padre Ripalda prometió a quienes hacen todo bien y ningún mal. Tiene que haber un Cielo para Ana. De otro modo, la bondad de Dios sería menor que la bondad de Ana.

Jean Cusset, ateo siempre con excepción del día que por primera vez vio la catedral de Burgos, dio un nuevo sorbo a su martini –con dos aceitunas, como siempre– y continuó:

–Para la mujer ha sido una desdicha grande que, según el Génesis, haya sido Eva la que se comió la manzana. Los hombres nunca le hemos perdonado que por culpa de su sexo nos hayan venido maldiciones, entre ellas la de trabajar. Y nos hemos vengado de la mujer sometiéndola a una discriminación que todavía dura.

–»Entre nosotros –siguió diciendo Jean Cusset–, la liberación de la mujer significa que ella pueda ir a trabajar. A los hombres eso nos gusta: hay más dinero en casa y podemos así comprar más cosas. Pero los hombres no trabajamos en la casa. Y así la mujer debe hacer dos trabajos cada día.

–»Sería necesaria –concluyó Jean Cusset– otra versión del Génesis en la que fuera Adán quien se comiera la manzana. Quizás eso emparejaría las cosas. Y también ayudaría algo no pensar siempre en Dios como del sexo masculino. ¿Cómo suena: «Madre nuestra que estás en el cielo…»?

Así dijo Jean Cusset. Luego pidió otro martini. Con dos aceitunas, como siempre.

Para creer en Dios no necesito mirar el cielo lleno de estrellas. Me basta ver las cajas llenas de fruta en el supermercado.

Esa abundancia y variedad de dones sólo puede venir de una amorosa creación, y todo en la naturaleza nos habla de ese amor.

Yo celebro su espléndida bondad encendiendo en mi casa una velita cada día primero de mes.

Al cumplir ese rito tan sencillo me pongo en contacto con la divinidad y con su providencia, que ve por mí lo mismo que por el gorrión, aunque el gorrión lo merezca más que yo.

—◇—

San Vitelio de Cartajo es un santo del cual muy raras veces se oye hablar. Patrono celestial de los pescadores de esponjas, sus milagros cesaron al popularizarse las esponjas hechas de material sintético.

Quedan algunas reliquias de Vitelio. Tan sólo en Europa se conservan 642 muelas del santo, dato que los incrédulos han pretendido utilizar para dudar de que existió. Se conoce también una epístola de San Vitelio. Dice en ella:

«El que ama a Dios en sus creaturas, el que tiene gratitud para sus padres; el que da ternura y cuidados a su esposa y a sus hijos; el que llena las horas de cada día con su trabajo honrado; el que hace bien a todos y a ninguno mal, ése es un santo».

La gente, sin embargo, piensa que la carta es apócrifa. La gente piensa que un santo es solamente aquel que hace milagros y cuyas muelas están en una catedral.

Malbéne, controvertido teólogo, publicó un artículo en la revista *Lumen*. De él saqué el siguiente párrafo:

«Muchos de los males del mundo comenzaron el día en que el hombre se sintió el rey de la creación y dejó de sentirse una creatura. La idea de realeza es fuente de soberbia, en tanto que el reconocimiento de su calidad de creatura, de haber sido creado, lleva al hombre a saberse creatura, es decir, niño, y a tener conciencia de su indigencia y de su pequeñez.»

Seguramente, quienes piensan que la persona humana es autónoma, soberana y autosuficiente se atufarán al leer esos conceptos de Malbéne que dan al hombre su verdadera dimensión.

HISTORIAS DE LA CREACIÓN DEL MUNDO

Es cierto.

El Señor maldijo a la mujer por haber comido del fruto prohibido.

La condenó a sufrir penalidades en su preñez.

La condenó a dar a luz con dolor.

La condenó a estar atada por su deseo al hombre.

La condenó a sufrir el señorío del varón.

Pero en ninguna parte del Génesis se lee que el Señor la haya condenado también a hacer comida los domingos.

Todos los domingos Adán y Eva deberían comer fuera.

Un buen día Cristo desapareció de las iglesias.

Lo buscaron atrás de los altares, en los sitiales desde los cuales hablan los predicadores, en los lugares donde los entendidos hablan de Dios y escrutan su palabra. Y no hallaron a Cristo.

Los hombres fueron, entonces, ante el Padre y le dijeron que su Hijo andaba perdido. Nadie había podido encontrarlo.

Les preguntó el Señor:

–¿Lo buscaron en las barriadas miserables? ¿Lo buscaron en las ciudades de casas de cartón, y por las calles llenas de prostitutas y borrachos, de hambrientos y desnudos?

–No, Señor –respondieron los hombres–. Ahí no hemos buscado.

–Entonces –dijo Dios–, son ustedes los que andan perdidos.

El niño estaba enfermo, y sus padres no lo podían llevar al pueblo porque no había puente para cruzar el río. San Virila tomó al niño en sus brazos y caminando sobre las aguas lo llevó.

Unos días después, se reunieron los aldeanos a deliberar. Pensaron que no siempre estaría entre ellos San Virila para hacerles más milagros como aquél. Así, acordaron hacer un puente sobre el río. Se pusieron todos a trabajar, y en unos cuantos meses el puente estuvo terminado.

Les dijo alegremente San Virila:

–¡Qué gran milagro hicieron! ¡Mucho mejor que el mío!

—◆—

Jean Cusset, ateo siempre con excepción de las veces que oye a Mozart, dio un nuevo sorbo a su martini –con dos aceitunas, como siempre– y continuó:

–Yo he sufrido desgracias. Quiero decir que he vivido. En la vida hay sufrimiento, aunque no sepamos por qué. Cuando somos felices no nos preguntamos por qué hay alegría.

Dio otro sorbo a su martini Jean Cusset y continuó:

–Antes, cuando me acontecía una desgracia, solía rebelarme, y preguntaba siempre: «¿Por qué a mí?». En mi soberbia, pensaba que Dios me había hecho un ser aparte, distinto a los demás, y que el dolor no estaba hecho para que yo lo sufriera.

–»Los años me han quitado esa ignorancia ciega que la soberbia da. Y ahora, cuando una desgracia se abate sobre mí, pregunto: «¿Por qué a mí no?». Y me siento hermanado con los demás hombres en esa gran fraternidad que el sufrimiento es. Y ya no pregunto por qué hay dolor en el mundo.

Así dijo Jean Cusset. Y fijó una profunda mirada en su martini, con dos aceitunas, como siempre.

—◆—

Luciana de Bari se consagró del todo a Dios. Retirada en un bosque sombrío vivió sola, dedicada a labrar la imagen de su perfección. A nadie amó Luciana: no dio su amor a un hombre, a un niño, a un enfermo, a un ser solitario o a algún animal. Jamás tuvo ocasión de hacer pecado, y así nunca pecó. Cuando murió fue al cielo. Ahí se encuentra, blanca y eterna soledad.

Paolo y Francesca, de quienes habló Dante en su *Commedia*, fueron contemporáneos de Luciana. Encendidos en llamas del amor, pecaron mucho. A su muerte, los recibió el infierno. Ahí están, abrazados y abrasados. En el infierno siguen juntos, unidos por el amor para la eternidad.

Dios es justo y es sabio, y da a cada quien lo que le corresponde. A Luciana le dio un infierno disfrazado de cielo. A Paolo y Francesca les dio un cielo disfrazado de infierno.

◦

El padre Soárez charlaba con el Cristo de su iglesia.

–Señor –le dijo–, hice poner hermosos vitrales en la capilla, pero nadie parece haberlos visto.

–En efecto –le contestó el Señor–. Nadie ha visto tus vitrales.

–¿Por qué, Señor? –se quejó el padre Soárez–. Sus colores son preciosos, y bellos sus dibujos. ¿Por qué nadie los ve?

–Porque no has encendido una luz interior en la capilla –le respondió Jesús–. Sin esa luz los cristales son materia opaca cuyos matices no se muestran. Igual sucede con los hombres. Pueden estar llenos de buenas cualidades, pero no servirán de nada si ellos no ponen dentro de sí una luz. Esa luz es el bien. Sólo poniéndolo al servicio de nuestros semejantes brillará nuestro vitral.

El padre Soárez entendió lo que el Maestro le decía. Encendió una luz en su capilla y otra en su corazón.

John Dee trabajaba en su laboratorio.

—¿Qué buscas? —le preguntaban todos.

Respondía:

—Busco la piedra filosofal que me hará rico.

Por fin encontró John Dee el mágico elemento que convertía en oro todo lo que tocaba. Se volvió inmensamente rico. Tuvo palacios; tierras cuya extensión iba más allá del horizonte; barcos que navegaban por los siete mares; criados y servidores incontables...

Con la riqueza, le llegaron a John Dee las inquietudes. Ya no dormía, preocupado como estaba por sus bienes, que a poco se le volvieron males.

Tornó John Dee su laboratorio.

—¿Qué buscas? —le preguntaban todos.

Respondía:

—Busco la piedra filosofal que me hará pobre.

Adán estaba solo en el Paraíso. No sabía que ningún paraíso es paraíso si no se tiene alguien para compartirlo. Así, le pidió a Dios una compañera. Dios sabe bien lo que es la soledad, de modo que sumió al hombre en un profundo sueño, le sacó una costilla y con ella hizo a la mujer.

Ni Dios ni el hombre supieron lo que habían hecho. Eva sí lo sabía bien. Sabía lo que ninguno de los dos, ni el hombre ni el señor, podía saber: que los paraísos suelen ser muy aburridos. Entonces, la mujer tentó a la serpiente para que la tentara. La serpiente cayó en la tentación y tentó a Eva. Ella, deliberadamente, cayó en la tentación. Dios la castigó –o creyó que la estaba castigando– y con ella castigó también al hombre. Los hizo salir del Paraíso. Eso es precisamente lo que quería Eva.

Desde entonces vivimos en este mundo. En este mundo que, gracias a Eva, por Eva y con Eva, es un verdadero paraíso.

El niño le preguntó a su padre:

–¿Por qué las pelotas son redondas? ¿Qué es la luz? ¿Por qué el cielo es azul?

Le respondió el señor:

–No hagas tantas preguntas. Anda, ve a jugar.

Yo soñé que le preguntaba a Dios:

–¿Quién soy yo? ¿De dónde vengo? ¿A dónde voy?

Me respondió el Señor:

–No hagas tantas preguntas. Anda, ve a jugar.

Y aquí estoy, jugando.

———⊲◦⊳———

Los incrédulos le pidieron a San Virila que hiciera algún milagro para poder creer. San Virila les pidió que reunieran en la gran plaza del pueblo a todos sus animales. Una hora después la plaza estaba llena de vacas, cerdos, gallinas, asnos, perros y caballos.

Virila alzó la mano y todos los animales se convirtieron en humanos, en hermosos hombres, mujeres y niños que alababan al Señor. Al ver aquello, los incrédulos cayeron de rodillas. Entonces Virila alzó otra vez la mano, y los incrédulos quedaron convertidos en vacas, cerdos, gallinas, asnos, perros y caballos.

–Perdóname, Señor –dijo Virila levantando la mirada al cielo–. No pude resistir la tentación. Y además, creo que con el cambio que hice el mundo ahora es mejor.

———⊲◦⊳———

Jean Cusset, ateo con excepción de la vez que leyó los Pensamientos de Pascal, dio un nuevo sorbo a su martini –con dos aceitunas, como siempre– y continuó:

–A nuestro pobrecito cuerpo lo calumniamos mucho, y en cambio a nuestro espíritu lo enaltecemos demasiado. Creemos que nos condenamos por la carne, y denostamos al cuerpo, y lo vilipendiamos. Pero es tan mínima cosa el cuerpo, tan humilde, y casi con nada se conforma: un poco de agua, un poco de pan, algo de sueño —no de sueños— y ni siquiera amor, sino apenas, de vez en cuando, la compañía de otro cuerpo para enjugarse el instinto. En cambio, el espíritu, ¡qué exigente es!, ¡qué perentorio! Reclama sabiduría, altos ideales, valores inmarcesibles, y eso tan difícil de hallar que es el amor. Yo tengo para mí que el espíritu es el que nos condena, y no la carne. El cuerpo nos hace cometer pecados muy modestos que sólo el miedo de la Edad Media por las cosas terrenas pudo considerar mortales: la gula, la pereza, hasta la inofensiva lujuria, tan difamada y perseguida. ¡Ah, pero el espíritu! Los pecados del espíritu, ésos sí que son graves: la envida, y —el peor de todos—, la soberbia, el primer pecado que se cometió y aquél por el que todos se cometen.

—»Tengamos compasión de nuestro cuerpo —siguió diciendo Jean Cusset—, y tratémoslo bien. Después de todo, pobre mulita, ya sufre el trabajo de llevar esa terrible carga que es nuestro espíritu.

Así dijo Jean Cusset. Y brindó con toda su alma por su cuerpo.

—◇—

A los 20 años de su edad, John Dee hizo tallar en lapislázuli una especie de medalla con las letras C S S M L dispuestas de arriba hacia abajo y las letras N D S M D de izquierda a derecha, de modo que la tercera S quedaba en el centro de la cruz que con aquellas dos líneas se formaba.

Esas letras eran las iniciales de las palabras de un dístico latino que el mismo Dee escribió: *Crux sacra sit mihi lux, / non draco sit mihi dux.* Tales versos se pueden traducir así: «Sea la santa Cruz mi luz a fin de que no caiga yo bajo el imperio del demonio».

La medalla acompañó a John Dee a lo largo de su vida. Pocos días antes de morir la entregó a la mujer que lo había amado.

–Tus brazos –le dijo– fueron esa cruz santa que me puso al amparo de todo lo maligno.

Besó la medalla. Ella también se la llevó a los labios. Fue ese beso el último que se dieron el filósofo y la mujer que con su amor lo protegió del mal.

———◦———

Los habitantes de la aldea se entristecieron porque su milagroso Cristo, que con puntualidad sangraba cada año el mismo día, aquel día no sangró. Preguntaron al padre Soárez por qué, y él no supo qué explicarles. Pero esa noche el padre Soárez soñó al Cristo.

–Señor –le preguntó–: ¿por qué no sangras ya?

Respondió él:

–Sangré muchas veces sin que me vieran. Sangré cuando aquel hombre golpeó a su hija porque iba a tener un hijo sin ser casada. Sangré cuando el dueño de los talleres, para sacudirse a su viejo trabajador sin pagarle indemnización, lo acusó de robar. Sangré cuando un pobre murió de hambre y de frío sin que ninguno remediara su necesidad.

Sangré cuando lloró esa anciana que sufre dolor de soledad. Sangré cuando supe de aquel niño que no puede jugar porque ha de pedir limosna para poder comer. Todas esas veces sangré, y muchas más. No sangré ahora porque ya se me acabó la sangre.

Así dijo el Cristo.

Y entonces el padre Soárez despertó.

———◦———

El viajero llega a Lieja, y visita la iglesia de Saint Barthélémy. Ahí mira la hermosa pila bautismal fundida en bronce por Reiner de Huy.

En el vaso de la pila, aparece la figura desnuda de Jesús, inmerso hasta la cintura en el Jordán. A su lado está Juan el Bautista vertiendo la cabeza del Señor en las aguas del bautismo. Sobre ellos se ve el Espíritu Santo, y en lo más alto se asoma el rostro de Dios Padre, que contempla desde su majestad la escena.

Lo más conmovedor, sin embargo, es que la pila se apoya toda en un círculo de humildes bueyes que sostienen sobre sus lomos la gloria del Cielo y de la Tierra.

El viajero contempla esta obra de arte, y piensa que sin humildad no puede haber grandeza.

———◦———

El último artículo de Malbéne, publicado en *Communio*, sorprenderá a muchos. Leamos esto, por ejemplo:

«En términos de estricto realismo, el matrimonio no es difícil: es imposible. Todo lleva a negar la posibilidad de que dos seres humanos vivan juntos todos los años de su vida: si es problemática la convivencia de los millones de seres que habitan en el mundo, más difícil aún es la vida en común de dos de ellos. Por eso, cada vez más el matrimonio duradero es la excepción y no la regla. Por eso mismo el matrimonio que prevalece sobre todos los conflictos de la vida es algo excepcional.»

Añade el filósofo católico: «El Señor dio al matrimonio la calidad de sacramento quizá porque es una eucaristía de amor, de tolerancia y de perdón que los esposos se imparten uno al otro cada día. Así como creemos en el milagro eucarístico «porque es absurdo», también debemos creer en el matrimonio, ese imposible absurdo inverosímil por el cual un hombre y una mujer caminan juntos, hasta el final de sus vidas, por un solo camino: el del amor.»

Raras palabras en labios de un teólogo… Los teólogos se ocupan de traer las cosas del cielo a la tierra, y no de las cosas que de la tierra llevan hacia el cielo.

———◦———

HISTORIAS DE LA CREACIÓN DEL MUNDO

El Señor hizo al loro.

Lo dotó de un plumaje color verde que lo ayudaría a confundirse entre los árboles para escapar de las aves predadoras. Le puso un pico fuerte y corvo con el cual podría quebrar las más duras semillas y comerlas. Le dio unas patas poderosas a fin de que pudiera asirse de las más altas ramas sin caer.

Vio Adán al loro y exclamó lleno de admiración:

–¡Es perfecto!

Respondió con tristeza el Creador:

–Desgraciadamente, no. Va a hablar.

———◦———

Esta niña pequeña –dos años de edad tiene– ha hecho algo que no debió hacer: con su crayola roja pintó una raya en la pared de la cocina.

Su padre la ha mirado, y va hacia ella. La niñita corre a los brazos de su abuelo.

–¡Ayuda, ayuda! –pide suplicante.

Aquellos brazos amorosos la envuelven y la amparan, y no hay castigo ya. Todos ríen, y de la raya en la pared ya no se acuerda nadie.

Esa noche, en su casa, el abuelo piensa que él también, a sus años, pinta a veces rayas en la pared. Es decir, hace cosas que no debía hacer. Por ellas merecería castigo, bien lo sabe. Pero sabe igualmente que hay otros brazos amorosos en los cuales se puede refugiar, también él criatura pequeñita. Cuando la sombra de la culpa llega él va hacia esos brazos y suplica:

–¡Ayuda, ayuda!

Jean Cusset, ateo siempre, menos cuando lee a Fray Luis de Granada, dio un nuevo sorbo a su martini y continuó:

—Jamás me he explicado por qué muchos cristianos hacen de su religión una fe triste. Yo, que leo mucho los Evangelios y no leo a los teólogos, pienso que el cristianismo es la religión de la alegría. El cristianismo es la fe en el Amor que se ha cumplido, y el amor que se cumple es siempre alegre.

Concluyó Cusset:

—Puede el cristiano a veces estar triste. En ocasiones Jesús estuvo triste. Pero sobre esa tristeza triunfa la alegría definitiva que deriva del nacimiento del Cristo y de su victoria final sobre la muerte. Si los cristianos tienen Navidad y Pascua de Resurrección deberían estar alegres siempre.

Así dijo Jean Cusset. Y dio el último sorbo a su martini, con dos aceitunas, como siempre.

———◇———

Leo por estos días un antiguo texto de Tertuliano, filósofo del cristianismo. Ese texto se llama *De testimonio animae*. En él, nos dice el célebre pensador cartaginés:

«La Naturaleza es la maestra, y el alma es la discípula. Mas lo que aquélla enseña no es enseñanza propia: es voz de Dios, que es el maestro de la maestra misma. Lo que el alma recibe —por intermedio de la Naturaleza— de ese supremo maestro es lo que debe guiar tu vida. Aprende, pues, las lecciones de la Naturaleza, y así aprenderás también la gran lección de Dios.»

No dice Tertuliano que Dios y la Naturaleza son la misma cosa; lo que afirma es la posibilidad de llegar a Dios a través del conocimiento de la Naturaleza y del respeto a sus dictados. El mayor dictado de la Naturaleza es el que nos lleva a respetar la vida y cuidarla. En síntesis, a amarla. Amar la vida es amar la Naturaleza. Es, por lo tanto, amar a Dios. Tal es, enseña aquel filósofo, el mejor testimonio del alma.

⟨◦⟩

La lluvia dejó en la calle un charco de agua sucia. Yo voy en mi automóvil. El vehículo que va delante pasa por encima del charco, y hace que el agua salte por el aire.

Sucede entonces un milagro. El sol pone su brillo en la miríada de gotas y forma en ellas un arcoíris pequeñito que dura menos tiempo del que tardo en decir arcoíris pequeñito. Alcanzo a verlo, sin embargo. Del agua sucia han surgido, igual que siete joyas rutilantes, los siete tonos que pintan con su color el mundo.

Un instante nada más ha durado aquel prodigio, pero me ha dado la eternidad de la belleza. Estaba oculta en aquel charco de agua sucia, igual que en el alma del peor hombre se esconde el misterio del amor.

Cae ahora la tarde, y va conmigo todavía ese arcoíris luminoso salido de la oscuridad.

De nueva cuenta Malbéne llama a la polémica. En su último artículo en la revista *Iter* lamenta que las iglesias cristianas hayan enfatizado «la supuesta oposición» entre la carne y el espíritu. «No existe tal enemistad –afirma–. De cuerpo y alma estamos hechos, y somos el resultado de su unión. Enfrentarlos es dividirnos; hacer que sean enemigos es atentar contra esa fusión maravillosa derivada de la sabiduría de Dios. Con el mismo respeto y con igual amor hemos de tratar a nuestro cuerpo y a nuestra alma. Si lo hacemos encontraremos la íntima armonía que habrá de conducirnos a nuestra plenitud y también –Dios lo quiera– a nuestra felicidad...».

Esas ideas, opinan los críticos de Malbéne, «contradicen la esencia misma de la religión». Uno de los detractores del filósofo, hablando mal de él, lo llamó «teólogo sin Teología». Y comentó Malbéne: «Jamás pensé que un adversario mío haría tan bello elogio de mí».

HISTORIAS DE LA CREACIÓN DEL MUNDO

El Señor hizo al fauno, mitad chivo, mitad hombre.

No la pasaba muy bien que digamos el pobrecito fauno. Cuando tuvo necesidad de compañía fue con una mujer.

–Retírate –le dijo ella–. Hueles a chivo.

El fauno entonces fue con una chiva.

—Retírate —le dijo la chiva—. Hueles a hombre.

Desesperado, el fauno fue con el Señor:

—Señor —le dijo—. Necesito que hagas la fauna.

Y el Señor hizo la fauna. E hizo también la flora.

El fauno se alejó meneando la cabeza tristemente al tiempo que decía:

—No me entendió.

Desde entonces, el fauno, rechazado igual por la mujer que por la chiva, se ha vuelto una criatura puramente mitológica y en francas vías de extinción.

<hr />

Mamá Lata, la madre de mi madre, tenía confianza ciega en el poder de la oración. Alguno de sus hijos no compartía esa fe. Decía:

—Dios es tan grande que la oración de la criatura humana no lo puede hacer cambiar.

Mi abuela contestaba:

—Yo pienso lo mismo que tú: la oración no cambia a Dios. Pero sí cambia al que ora. No rezo para cambiar a Dios. Rezo para cambiar yo.

Mamá Lata era una santa con delantal. En ella se cumplían todas las bienaventuranzas. Mansa y humilde de corazón, jamás dejó de hacer ninguna de las obras de misericordia que el buen padre Ripalda enumeró en su Catecismo. Estoy seguro de que ella fue la respuesta a la oración de muchos. En su humildad y mansedumbre, en su bondad, se mostraba el poder de la oración.

En el refectorio del convento, el padre prior leyó a los monjes, mientras comían, los textos que sobre la vida eterna escribió Orígenes.

Consumida su magra ración, San Virila se dirigió a la aldea a repartir el pan de los pobres. Por el camino pasó bajo los árboles del bosque: los elevados pinos, las añosas encinas, los robles que no temen a la tempestad... Vio los rebaños de los pastores, y escuchó la algarabía de los niños que salían de la escuela. Oyó la esquila de la iglesia llamando a la oración del Ángelus, y miró a una muchacha labradora y a su novio que se ocultaban tras el pajar para besarse.

A la caída de la tarde regresó San Virila a su convento y dijo al padre prior:

—Acabo de ver la vida eterna. Pero es diferente a la que dice Orígenes.

Jean Cusset, ateo con excepción de la vez que estudió Embriología, dio un nuevo sorbo a su martini —con dos aceitunas, como siempre— y continuó:

—Supe de la existencia de un pobre hombre llamado Arnulfo Pérez H., que solía poner en sus tarjetas: «Enemigo personal de Dios».

—»Alguien que se proclama enemigo personal de Dios no pasa de ser un tipo pintoresco —siguió diciendo Jean Cusset—. De los que debemos cuidarnos es de quienes se creen amigos personales de Dios. Se creen salvos porque cumplen los ritos de una iglesia. Olvidados de su deber hacia los hombres dejan de practicar el amor y la caridad, que son el mejor modo de acercarse a Dios.

–»Antiguamente –concluyó Cusset–, se hablaba mucho de «el temor de Dios». Ese temor no debería consistir en verlo como el furioso padre vengador que castiga cruelmente nuestras culpas. El verdadero temor de Dios está en alejarnos de la soberbia de creer que somos sus predilectos, y en tener la humildad de buscarlo en nuestros hermanos. Sólo en ellos podemos encontrarlo a Él.

Así dijo Jean Cusset, y dio el último sorbo a su martini, con dos aceitunas, como siempre.

Han nacido en mi casa dos golondrinas...

Yo veo a ese par de avecillas diminutas. En su milimétrica dimensión cabe toda la inmensa grandeza de la vida. Reverente, siento la tentación de persignarme ante ellas como ante una catedral.

Llega la golondrina madre, se posa sobre la sabia alfarería de su nido y me mira como diciendo con orgullo:

–¿Qué tal, eh?

Yo no soy menos. Con mis dos nietos de la mano le digo a ella en igual tono:

–¿Qué tal, eh?

Pienso esto: Dios nos está mirando a todos –a las golondrinitas y a su madre; a mis nietos y a mí; a la tierra con todas sus criaturas y al mar con sus pescaditos; a la espléndida vida generosa– y dice también:

–¿Qué tal, eh?

———◄◊►———

El padre Soárez charlaba con el Cristo de su iglesia.

–¿Qué haces? –le preguntó Jesús.

Respondió:

–Estaba orando por la conversión de los infieles al cristianismo.

–Soárez –lo amonestó el Señor con suavidad–, reza más bien por la conversión de los cristianos al cristianismo.

———◄◊►———

He llevado a mis nietos a la playa. El más pequeño corre por la arena en dirección al mar y grita jubiloso:

–¡Voy a la alberca de mi abuelito Armando!

A mí me abruma la responsabilidad de ser el dueño de esa alberca sin límites, el mar. Sé, por fortuna, quién es su verdadero dueño, y sé que cuida de ese mar, y de sus pescaditos, y de estos niños míos que en él mojan sus pies y ríen cuando la espuma les deja en los labios el vago regusto de su sal.

Y sé que también cuida de mí, que no soy dueño de otro mar que el de mis confusiones, entre las cuales la única certidumbre es la del corazón, que con su carga de amores y recuerdos navega todavía, como el barquito de papel de un niño, por el inmenso mar de Dios.

Las hojas de los árboles y de las plantas adoptan formas muy distintas.

Las hay simples.

Compuestas.

Palmeadas.

Lobuladas.

Espatuladas.

Lanceoladas.

Acutiformes. Dentadas. Con lengüeta. Arriñonadas. Trifoliadas. Festoneadas. Polilobuladas.

Aun así dijo Eva:

–No tengo nada qué ponerme.

Hace ya muchos años viví unos días en una pequeña comunidad Amish de Indiana. Los Amish son un pueblo profundamente religioso. Se oponen a la guerra y a cualquier otra forma de violencia. No construyen templos; oran en casas o graneros. Y tienen otra forma de adoración: es el trabajo, por medio del cual se preserva, mejora y aprovecha la obra de la creación.

Algo me conmovió en aquella visita: las mujeres Amish que hacen hermosas colchas, ponen en ellas siempre un trozo de tela que no les va, y que se mira como un parche. Con eso expresan su idea de que la perfección sólo puede salir de las manos de Dios.

Todos llevamos en nosotros un parche que a lo mejor nadie conoce, pero nosotros sí: resto, quizá, de algún remordimiento o un dolor. Llevemos en paz ese remiendo: no somos perfectos. Procuremos, sí, que lo demás sea útil y bueno a los demás, como las bellas colchas de las mujeres Amish.

———◦———

El incrédulo le dijo a San Virila:

–Haz un milagro. Mueve esa montaña.

Respondió el santo:

–La montaña está bien en su lugar.

Pidió el hombre:

–Haz que el río fluya en dirección contraria.

Y contestó San Virila:

–El río fluye en dirección correcta: va hacia el mar.

–Entonces –declaró el hombre–, ya no voy a creer en los milagros.

–Debes creer en ellos –le dijo San Virila–. El mayor milagro es que las cosas sean como son.

———◦———

Jean Cusset, ateo con excepción de la vez que atravesó en avión una tormenta eléctrica, dio un nuevo sorbo a su martini –con dos aceitunas, como siempre– y continuó:

–Las religiones no unen a los hombres: los separan. Proliferan las sectas como hongos, y mientras más religiones hay los hombres se dividen más. No es, pues, a través de la religión como se logrará que se una la Humanidad.

Dio un nuevo sorbo Jean Cusset a su martini y continuó:

—Lo que unirá a los hombres será el amor al planeta en que viven. Cuando lo sientan amenazado por la guerra total, por la contaminación, por la extinción de sus recursos en el mar, en la tierra y en el cielo, entonces se unirán los humanos para luchar juntos por la preservación de la vida sobre el mundo. En el amor a la vida y a la Naturaleza, los hombres se unirán y, finalmente, serán uno. Sólo entonces el espíritu de Dios flotará sobre la faz de la tierra.

Así dijo Jean Cusset. Y dio el último sorbo a su martini, con dos aceitunas, como siempre.

—◇—

—Dios es invisible —le decían a aquel hombre.

Y a él le daba igual, porque era ciego desde su nacimiento.

Cierto día sintió como si un rayo le hubiera caído en la cabeza. Un resplandor se le anidó en los ojos. Los abrió, y el ciego pudo ver.

Vio el crepúsculo del día y de la noche, aquél pintado de azul, éste de fuego. Vio el mar, distinto a cada instante y eternamente igual. Vio un cielo con estrellas, y supo que cada estrella daba luz a otro cielo con más estrellas que iluminaba otros cielos sin final. Y vio la flor, y el ciervo, y el copo de nieve, y el niño pequeñito.

Y comentó:

—No entiendo. Me habían dicho que Dios es invisible.

El padre Soárez platicaba con Cristo en su capilla.

–Señor –le dijo–, creo que he encontrado, por fin, la fórmula para que un hombre pueda ser feliz y hacer felices también a los demás.

–Importante descubrimiento –le manifestó el Señor–. ¿Puedes recitarme la fórmula?

–Con gusto –respondió el padre Soárez. Y sacando del bolsillo un papel leyó:

«Ama a Dios sobre todas las cosas y al prójimo como a ti mismo. Ten fe, esperanza y caridad. Practica la paciencia, la templanza, la diligencia, la castidad, la largueza y la humildad. Pon en ejercicio los dones de Espíritu y cumple con puntualidad tus devociones».

–¿Qué te parece, Señor, esa fórmula?

–Demasiadas palabras, padre Soárez –comentó el Señor–. Sobran todas, menos la primera.

En la escuela, me enseñaron cuáles son las Siete Maravillas del Mundo Antiguo. Sin más escuela que los años, yo he aprendido cuáles son las Siete Maravillas de mi mundo.

La primera, es hallarme en ese mundo. Celebro no ser ateo: si lo fuera, ¿a quién daría las gracias por esa maravilla y por las otras? La segunda, es haber sido hijo de los padres que tuve. La tercera, ser esposo de la mujer que amo. La cuarta, quinta, sexta y séptima maravillas son mis hijos y mis nietos.

Esas son las Siete Maravillas de mi mundo. Junto a ellas, cuento muchas más: el gozo del amor continuado, una larga familia pródiga en larguezas, amigos que me regalan su presencia y no me reprochan mis ausencias, un ángel que se disfrazó de perro para que yo pudiera verlo. Milagros súbitos que todos los días llegan a mi puerta, inesperados.

¿Qué son las Siete Maravillas del Mundo Antiguo al lado de estas maravillosas maravillas de mi mundo?

—◁◇▷—

Malbéne, el controvertido teólogo, excede a veces, a juicio de sus críticos, los límites de la prudencia. En su último artículo para la revista *Domus*, de la Universidad de Friburgo, dice lo siguiente:

«La moral religiosa es muy inmoral. Las religiones separan a los hombres en vez de unirlos, y con frecuencia hacen del odio una virtud. Los ritos y dogmas se ponen por encima del bien y del amor. Si un judío lleva una buena vida, pero no observa las leyes alimentarias o del Sábado, no será considerado un buen judío. Si un católico hace el bien a todos, pero no va a misa, no será considerado un buen católico. El día que todos los hombres se unan en el amor y en la práctica del bien, ese día habrán hallado la única verdadera religión.»

En conversaciones privadas, Malbéne ha sostenido que a lo largo de la historia las religiones han hecho más mal que bien. Y dice: «La religión en exceso es considerablemente más peligrosa que la falta de religión». Declaraciones

como ésas hacen que Malbéne sea tachado de imprudente.
Y sin embargo…

—◁◦▷—

HISTORIAS DE LA CREACIÓN DEL MUNDO

Llegó el primer otoño, y Adán se conmovió al ver cómo las hojas caían de los árboles, hasta que todos quedaron desnudos de follaje.

Así estuvieron durante el frío invierno. Pero llegó la primavera –la segunda que el mundo contemplaba– y entonces los árboles se cubrieron de hojas otra vez, y fue todo el paisaje un solo árbol.

–¡Cuántas hojas nuevas, Señor! –se admiró Adán.

Y le dijo el Creador:

–Son las mismas que viste en el otoño. Aunque parezcan nuevas, son las mismas hojas. Siempre serán las mismas hojas.

No entendió Adán lo que el Señor decía, pero sintió en su interior que él era también como una hoja.

—◁◦▷—

He entrado en la cocina esta mañana.

Siempre entro en ella cuando aún no sale el sol y duermen las cosas todavía. Despierto a algunas, no sin pena: al agua, a la cafetera, a la taza, a la cucharilla del café… Pero hoy es tarde ya, y el sol lo llena todo, y es la ventana abierta un gran camino por el que llega a nuestra casa un día más de Dios.

113

Casi cierro los ojos con su luz. Pero miro el mantel a cuadros, y el acero bruñido de la estufa, y el rojo de las flores en el búcaro y, de repente, creo que estoy ante los vitrales de una catedral, y siento lo mismo que sentí la primera vez que entré en la catedral de Chartres.

Todo es sagrado, lo mismo un templo que una cocina. En el alma de todas las cosas está el alma de Dios.

Si algún día regreso a la catedral de Chartres recordaré ahí mi cocina, del mismo modo que ahora, en mi cocina, estoy recordando la catedral de Chartres.

◄◦►

San Virila se sentó en su lugar, el último en la gran mesa del refectorio conventual.

Habían llegado seis novicios nuevos. Todos habían oído hablar de los milagros que hacía San Virila.

—Padre —se atrevió a decir uno—, háganos usted un milagro.

Respondió con una sonrisa San Virila:

—Después de la comida hablaremos de milagros.

Se sirvió la humilde pitanza del convento: la sopa de lentejas, el potaje de habas, el blanco pan y el queso, el vaso de agua clara.

Al terminar de comer, se persignó San Virila, dio gracias a Dios y se levantó para seguir sus trabajos en el huerto.

—Padre —le preguntó el novicio—, ¿y el milagro que nos iba a hacer?

—El milagro nos lo acabamos de comer —sonrió otra vez San Virila.

El pan de cada día es un milagro.

———◦———

Jean Cusset, ateo siempre con excepción de las veces que escucha música de Miguel Bernal Jiménez, dio un nuevo sorbo a su martini —con dos aceitunas, como siempre— y continuó:

—A mí me sorprende que nuestra Iglesia haga santos para nada. Sigue penosos y dilatados procesos de canonización, y al mismo tiempo admite una actitud iconoclasta que ha dado a nuestros templos aspecto de bodegas o de salones de reunión social.

—»En los santos —siguió diciendo Jean Cusset— hallaba el creyente estímulo para la fe, motivo para la esperanza, aliciente para la caridad. Pero sus imágenes han sido desterradas de los altares y los muros, como inútiles antiguallas que avergüenzan.

—»Siento una íntima nostalgia —concluyó— de aquellas iglesias de mi infancia, llenas de santas y de santos, hermosa corte de milagros. Ahora los veo nada más en el humilde comercio de las estampas que las viejitas ofrecen en las puertas del templo y que la gente busca, humilde, para reencontrar su fe.

Así dijo Jean Cusset, y dio el último sorbo a su martini, con dos aceitunas, como siempre.

Frente a la catedral, John Dee veía el ir y venir de las mujeres y hombres por la plaza. Veía también los juegos de los niños, y miraba a los ancianos de lento caminar. Después sus ojos contemplaban a las golondrinas que dibujaban su caligrafía en el cielo, y el tenue disco de la luna sobre el tejado de las casas, por entre el humo de las cocinas que anunciaban la cercana cena.

El arcipreste de la catedral se acercó a Dee y le preguntó con tono de reproche:

–¿Qué? ¿No vas a entrar en la casa de Dios?

Le contestó John Dee:

–¿Acaso estoy afuera?

———◦———

El padre Soárez charlaba con el Cristo de su iglesia.

–Señor –le preguntó–, ¿por qué no has vuelto al mundo?

–¿Volver? –se extrañó el Cristo–. Pero si no he salido. Aquí me quedé ya. Sólo el que no quiere verme no me ve. Estoy en los que aman, viviendo con ellos ese amor, y estoy también en los que odian, esperando a que se vaya su odio para ocupar yo ese lugar. Estoy en los que se alegran y en los que sufren; estoy en los que creen en mí y en aquellos que no me conocen o me niegan. Estoy en los pobres para enriquecerlos, y en los ricos para que su riqueza no los empobrezca. Quienes esperan una segunda presencia mía es porque ignoran que no ha terminado la primera; que sigo aquí todavía.

Así dijo Jesús, y el padre Soárez entendió que no es necesario esperar el regreso de Cristo: jamás ha estado ausente.

—◇—

Aquel demonio echaba espuma por la boca.

Torcía los ojos y lanzaba horribles miradas que ponían terror en quienes lo veían.

Mostraba los colmillos, como fiera, y luego se mordía con ellos la lengua y los labios hasta hacerse sangre.

Arqueaba el cuerpo; daba manotazos y patadas. Los pelos se le erizaban en la nuca, igual que los de un animal enfurecido.

Lanzaba tremendos ululatos y profería blasfemias y maldiciones que espantaban a quienes las oían.

Pasó un caminante y vio al demonio que se contorsionaba y se retorcía en el suelo.

Preguntó, temeroso:

—¿Qué le pasa?

Le dijeron:

—No te acerques. Está poseído por el hombre.

—◇—

El último texto de Malbéne ha escandalizado a sus colegas teólogos. Yo mismo, partidario del controvertido maestro lovaniense, reconozco que sus palabras son desconcertantes. En su reciente artículo para la revista *Lumen* dice lo siguiente:

«Lo que importa es creer. En la noche del alma la fe pone su luz, y en las tormentas de la vida es áncora de salvación. El que no tiene fe no puede recibir el don de la esperanza, y su amor carecerá de eternidad.»

Seguidamente viene la frase de Malbéne que indignó a muchos y a mí me sorprendió:

«La fe es verdad, aunque su objeto sea mentira.»

No sé cómo interpretar esa declaración de aquel que ha dicho: «Es mejor el bien sin teología que la teología sin bien». Tengo la certidumbre, sin embargo, de que por encima de todo –incluso a veces de la verdad– Malbéne pone siempre el amor.

Eso me tranquiliza.

◄◦►

HISTORIAS DE LA CREACIÓN DEL MUNDO

Dijo Adán al Señor:

–Padre, qué bien dividiste la obra de tu creación. Tres reinos formaste: el animal, el vegetal y el mineral.

–Te engañas –le contestó el Creador–. La piedra, que tú juzgas inanimada, se hará tierra en el tiempo infinito y de ella surgirán las plantas y los animales. Éstos se volverán tierra, y la tierra será piedra otra vez. El gusano, el árbol y la estrella son una misma cosa. Mi obra no está dividida, como dices. No hay tres reinos en la naturaleza. Un solo reino hay. Se llama vida.

Adán entendió lo que el Señor decía, y se sintió parte de ese único gran reino, con la estrella, el árbol, el gusano. Y con Dios.

—◦—

Si he de dejar el corazón tirado;
si he de morir el resto de mi vida;
si es necesario herir mi propia herida
y olvidar de una vez lo recordado;

si he de pasar por donde ya he pasado,
y derribar la casa construida,
y decirme mi propia despedida,
y convertirme en muerto y sepultado,

bien está: el corazón será rendido,
y me atravesaré de parte a parte,
y la memoria tornaré en olvido.

Quiero matar lo que sin Ti he vivido.
Quiero perderme, Dios, para encontrarte,
porque si no te encuentro estoy perdido.

AFA

San Virila era el encargado de sacar el agua de la noria en su convento.

Continua y fatigosa era la tarea. Hora tras hora estaba el frailecito sacando cubo tras cubo con la cuerda.

Cierto día le preguntó uno de los frailes:

—Hermanito, ¿por qué no hace usted uno de sus milagros para que el cubo saque solo el agua de la cuerda, sin necesidad de que usted tire de él?

Sonrió San Virila y respondió:

—Padre mío, los milagros que uno hace en su propio beneficio no son milagros. El bien sólo es verdadero bien cuando se hace a los demás.

Así dijo San Virila, y el ruido que hacía el cubo al bajar a la noria pareció música que acompañaba sus palabras.

—◊—

Jean Cusset, ateo con excepción de la vez que oyó *Gloria* de Vivaldi, dio un nuevo sorbo a su martini —con dos aceitunas, como siempre— y continuó:

—Se dice que el soneto más bello es el que posiblemente escribió fray Miguel de Guevara en el siglo XVII, aquel que dice: «No me mueve, mi Dios, para quererte...». Poema del perfecto amor a Cristo es ése, en que se le ama por Él mismo, por la piedad que inspira su crucifixión, y no por la esperanza del cielo o por el miedo que el infierno inspira.

»En mis lecturas orientales encontré un poema muy parecido —siguió diciendo Jean Cusset. Lo escribió una mujer arábiga de nombre Rabbia, que era esclava. Poema místico es también ése, y dice así: «Señor mío, si te sirvo por miedo al infierno, arrójame en él; si lo hago por la esperanza en el paraíso, exclúyeme de él. Pero si te amo por ti mismo, entonces no me prives de tu eterna belleza».

»Este poema se compuso en el año 800 –dijo Jean Cusset–. Está dedicado a Alá. Con la misma belleza otros pueden alabar a Dios, aunque su Dios no sea el nuestro.

Así dijo Jean Cusset. Y dio el último sorbo a su martini, con dos aceitunas, como siempre.

—◦—

VARIACIÓN OPUS 33
SOBRE EL TEMA DE DON JUAN

Murió Don Juan –los donjuanes mueren también–, y llegó a la presencia del Señor.

Le dijo el Supremo Juez:

–No mereciste la eterna bienaventuranza.

Don Juan se sorprendió, en la Tierra había gozado siempre una eterna bienaventuranza, y pensó que en el Cielo la gozaría también.

–¿Por qué, Señor? –le preguntó.

Respondió Él:

–Yo dije que el hombre debe tener una sola mujer. Y tú, Don Juan, tuviste muchas.

–No hay tal –se defendió el amador–. Nunca tuve más de una mujer en mis brazos cada vez. Con todo mi amor la amaba en ese instante, y en ninguna otra mujer pensaba entonces. Cuando estaba con una mujer, la amaba verdaderamente. Ninguna otra existía en esos momentos para mí. Yo fui el hombre más fiel, Señor. Cumplí tu ley mejor que aquellos que están pensando en otra mientras le hacen el amor a su mujer.

El Supremo Juez, desconcertado, se rascó la cabeza.

—Está bien —dijo—. Revisaré tu caso.

<hr>

Señor —preguntó el padre Soárez al Cristo de su iglesia—, los ateos ¿se van al Cielo?

—Los buenos sí —respondió el Cristo—. Sólo que en ese Cielo se esconde Dios un poco, para que los ateos no lo vean y sientan vergüenza de su error.

—Entonces, Señor —volvió a preguntar, desconcertado, el padre Soárez—, ¿no es necesario creer en Ti para salvarse?

Le contestó Jesús:

—Todos los que hacen el bien creen en Mí, aunque no crean. Yo prediqué el amor; quien ama está practicando mi religión. Lo que salva es el bien. Si el que lo hace no cree en Mí, eso no importa: yo creeré en él. La salvación está en el amor. De todas las religiones se podrá dudar, pero del amor no puede dudar nadie.

El padre Soárez entendió esas palabras, y se propuso practicar la verdadera religión: la del amor.

<hr>

Hondo misterio es este de la Encarnación.

Por él Dios se hizo humano. Adán, un hombre, puso en pecado al mundo. Sólo otro hombre podía redimir la culpa.

En eso consiste lo que hay de profundamente humano en lo divino. Y en eso consiste también lo que hay de profundamente divino en nuestra humanidad.

El cristianismo funde en una sola naturaleza a Dios y al hombre. Dios se hizo humano para divinizar al hombre. El hombre, transido de divinidad, busca dar plenitud en él a la imagen y semejanza de su Dios.

He ahí el misterio de la Navidad: Dios viene a buscar al hombre, cuya más honda vocación es la búsqueda de Dios. En el portal de Belén, se da el precioso encuentro.

Sean todos los días de nuestra vida una celebración del Dios que se hizo hombre, y del hombre que quiere hallar a Dios. Sean todos los días de nuestra vida una continua Navidad.

———◇———

En la revista *Lumière et vie*, publicó Malbéne este relato que de seguro escandalizará:

«Un hombre de religión sintió el llamado de la carne. Viajó a una ciudad cercana y visitó a una mujer humilde que vendía su cuerpo para poder vivir. Ella lo hizo pasar a su pequeño cuarto. Sobre una mesita, junto al lecho, tenía imágenes de santos iluminadas por una lámpara de aceite. Antes de desnudarse, la mujer volvió los santos hacia la pared. "Es para que no vean lo que voy a hacer" –explicó tímidamente. Conmovido por ese ingenuo gesto, el hombre de religión se arrodilló frente a la pecadora y le dijo con emoción: "¡Bendita seas! Has conservado el tesoro de la fe que yo, por la rutina de mi profesión, tengo perdido". Le entregó todo el dinero que llevaba, y sin tocarla se alejó...».

Es extraño este texto de Malbéne. Me recordó alguna página de Dostoiewski o Tolstoi.

—◦—

HISTORIAS DE LA CREACIÓN DEL MUNDO

¡Y qué feliz vivía la serpiente! Suyo era el sol, que calentaba las piedras para la siesta al mediodía; suya la noche, con sus víctimas: el lebratillo, el cuerpo blando y tibio del ratón...

Un día la serpiente tuvo ante sus ojos un fruto que jamás había visto, brillante y rojo, como si al mundo de repente le hubiesen aparecido labios, tentador. Iba ya a probarlo cuando un lazo se cerró sobre su cuello, y se sintió arrojada en un cesto, prisionera.

Había sido atrapada por una mujer, encantadora de serpientes, que usaba una manzana como cebo. Y desde entonces, para ganar el pan que se le daba, la serpiente hubo de trabajar y de sufrir mil sufrimientos.

A solas por la noche, en la oscuridad de su cárcel, la serpiente tenía la extraña sensación de que todo aquello ya había pasado alguna vez, pero de otra manera.

124

Mi abuela Liberata nos enseñaba el profundo sentido que tenía el acto de persignarnos por la mañana.

—Fíjense —nos decía— que al hacer sobre nosotros la señal de la cruz ponemos la mano en la cabeza, en el pecho y en el sitio donde nacen los brazos. Con eso estamos diciendo que en nombre de Dios haremos cada día el bien con toda nuestra inteligencia, todo nuestro corazón y toda la fuerza de nuestros brazos.

Tenía razón mamá Lata. Cada vez que en su memoria cumplo esa sencilla acción, pienso que persignarse no debe ser acto inconsciente, sino bien meditado compromiso, pues entraña una promesa de bien; es decir, de amor.

Por eso, porque es de amor esa promesa, imagino al buen Dios persignándose también antes de hacer para nosotros un nuevo día, y diciendo esa frase tres veces amorosa: «En el nombre de Mí, de Mí y de Mí».

La leyenda de San Virila tiene un hálito de poesía que seduce.

Humilde monje era él. Un día se le ocurrió un extraño pensamiento: si se iba al Cielo, ¿no se aburriría mirando a Dios toda la eternidad?

El gorjeo de un ave interrumpió sus pensamientos. Jamás había escuchado Virila un canto como aquel. En él se oían los rumores del bosque en las montañas, las melodías de los maravillosos instrumentos que sonaban en la catedral, el eco de las palabras de su madre, la música del cielo y de la tierra...

Extasiado, Virila salió del huerto conventual en pos de aquella ave, pues no quería dejar de oír su canto. Largo rato escuchó sus armoniosos trinos. Cuando volvió al convento, se maravilló al ver que todo estaba transformado. Nadie conocía ya a Virila, y él no conocía a nadie. Buscando en los archivos se supo de un monje llamado Virila que había vivido en el convento hacía más de un siglo, y que un día desapareció misteriosamente sin que nadie volviera a saber de él.

Virila entendió que el buen Dios le había enviado al pajarillo para enseñarle que las bellezas del amor no cansan nunca, así duren toda la eternidad.

◅◦▻

Jean Cusset, ateo con excepción de cuando lee a Teilhard de Chardin, dio un nuevo sorbo a su martini –con dos aceitunas, como siempre– y continuó:

–El mal que hacemos a los demás, nos ata a ellos. Nos ata a su odio, a su venganza, a su rencor... Y también al rencor, a la venganza y al odio de los suyos, quizás hasta la próxima generación. También el mal que hacemos nos ata a la amenaza de la ley, o a la conciencia del pecado.

–»En cambio –siguió diciendo Jean Cusset–, el bien nos hace libres. Aun de nuestro egoísmo nos libera, y además nos allega a los humanos dones de la benevolencia y de la gratitud. Cada acción mala te ata, hasta que caes, atado por el mal. Cada acción buena, en cambio, te libera. Sólo se es plenamente libre por el bien; sólo se es plenamente esclavo por el mal.

Así dijo Jean Cusset. Y dio el último sorbo a su martini, con dos aceitunas, como siempre.

Cuando llegó a los 30 años de su edad, John Dee emprendió la peregrinación a Compostela.

Tomó la ruta de Francia, pues la del norte cruzaba por tierras de vascuences, hombres duros, mujeres más duras todavía. Cerca de Burgos conoció a una muchacha. Con ella caminó toda la tarde rezando las preces de Santiago. Por la noche, en un pajar, ambos rezaron la oración más antigua del amor.

John Dee ya no siguió el camino hacia el santuario. Tampoco la muchacha. De la mano volvieron los dos a la Bretaña. «Íbamos en busca de un milagro –razonaban– y lo encontramos ya».

Pasaron muchos años. Pasaron muchos peregrinos. Desde la puerta de su casa, John Dee y su mujer los veían pasar y se decían:

–Quiera el Apóstol hacerles un milagro como el que nos hizo a nosotros.

El padre Soárez charlaba con el Cristo de su iglesia.

—Señor —le preguntó—, ¿verdad que la tuya es la única verdadera religión?

—No digas eso, Soárez —lo reprendió con suavidad Jesús—. Cuando hablas así no sólo faltas a la caridad, sino también a la buena educación. Si un bondadoso caballero te invita a su casa, ¿te molestarás porque otros invitados llegaron por un camino diferente al tuyo? Muchos son los invitados a mi casa, y muchos los caminos por donde pueden llegar a ella.

—¿Te refieres, Señor —preguntó tímidamente el padre Soárez—, a las diversas denominaciones cristianas?

—Oh, no —respondió el Señor—. Hablo de todas las religiones. Y aun quienes no practican ninguna son también mis invitados. Llegará a mi casa el que haga el bien. Lo que está mal es dejar tu camino para reñir con el que va por otro camino. ¿Es cristiano hacer de un hombre tu enemigo por el solo hecho de que se dirige a mi casa por otro camino?

El padre Soárez pensó en las palabras del Señor y llegó a la conclusión de que todos los caminos llevan mucho más allá de Roma.

———◇———

Este amigo mío tiene ideas extrañas acerca del demonio.

Por principio de cuentas, dice que los demonios son más interesantes que los ángeles. Eso explica por qué en las pastorelas de la Navidad los niños quieren ser el diablo, y no el arcángel.

—En la Edad Media —comenta— al demonio se le representaba en la forma de un macho cabrío. Desde entonces decirle a alguien «cabrón» es llamarlo demonio.

Mi amigo me hace notar que el diablito de la lotería —su figura aparece en rojo y amarillo, los colores de las llamas— tiene una pata de chivo y la otra de gallo. Ambos animales, señala, son ejemplificación de la lujuria, por su constante ímpetu genésico. Los clérigos han relacionado siempre al demonio con el pecado de la carne. Y sin embargo, afirma, el gallo y el macho cabrío representan la continuación de la vida, y la vida es manifestación de lo divino. Entonces, concluye, al demonio no se le debe pintar con patas de animal, sino con pies de hombre. El hombre sí es verdaderamente demoniaco.

Este amigo mío se pierde en sus disquisiciones. Y yo me pierdo también junto con él. Debe ser cosa del demonio.

◄o►

Malbéne nunca deja de sorprender a sus constantes críticos. En un artículo para la revista *Geist und Leben*, escribió esto:

«En un supermercado veo más la presencia de Dios que en una iglesia. Todo lo que en un templo hay es obra humana: el altar; las bóvedas; los muros… En cambio, lo que se ve en un súper es obra de Dios: las cebollas, los tomates, las lechugas…»

Después de esa travesura teológica, Malbéne añade con más formalidad:

«Con esto no quiero profanar los espacios sagrados: quiero señalar lo que de sagrado hay aun en lo profano. Debemos aprender a hallar a Dios hasta en un supermercado.»

Dudo que las palabras del polémico escritor merezcan la aprobación de las autoridades eclesiales, pero estoy seguro de que nos moverán a la reflexión.

———◦———

HISTORIAS DE LA CREACIÓN DEL MUNDO

Adán estaba triste.

Pero entonces Dios hizo a la mujer, y aquella tristeza desapareció.

Luego sucedió el afortunado incidente de la manzana, y el Señor expulsó del Paraíso a Adán y a Eva.

Pensó el Creador que el hombre iba a andar triste. No fue así.

–¿Por qué te veo alegre? –le preguntó–. ¿No sufres? ¿No extrañas los gozos y delicias del Paraíso Terrenal?

–Señor –le contestó él–, voy a explicarte algo. Para los hombres un paraíso sin la mujer amada es un infierno, y cualquier infierno con ella es un edén.

———◦———

«Danos hoy nuestro pan de cada día…»

La suprema oración no dice: «dame». Dice: «danos». Pide mal aquel que sólo pide para sí. El que reza para pedir el bien de los demás está pidiendo bien, pues en el bien de los demás está su propio bien.

Y la oración dice: «hoy». No pide para mañana, ni para el siguiente mes o el próximo año. Sólo el pan de este día hemos de pedir. El de los otros ya vendrá, como llegó, milagro prodigioso, el de hoy.

Ayer pedí la casa, el vestido y el sustento. Dones son esos tres que no merezco, y que vienen a mí por un misterio que no puedo explicar. Los creyentes llaman a ese misterio «Divina Providencia». Yo, que en mi pequeñez no creo a veces, creo siempre en ella, y le enciendo el primer día de cada mes una velita que arde en señal de esperanza y humildad.

Ahora la miro arder. Su resplandor me enciende el alma, y me hace ver la luz que espera tras de mi oscuridad.

———◅◦▻———

San Virila fue al pueblo a buscar el pan de sus pobres.

Al llegar a la aldea, vio a una niñita que lloraba porque no tenía cuerda para saltar. Mientras las demás niñas saltaban alegres y felices, cada una con su cuerda, aquella niña no tenía cuerda, y por eso lloraba desconsoladamente.

San Virila fue hacia ella y la consoló. Le dijo:

—Ya no llores. Te traeré una cuerda.

A lo lejos se veía el arcoíris. El frailecito hizo un ademán y el arcoíris vino hacia él. Lo tomó San Virila y se lo entregó a la niñita en forma de cuerda para saltar. Aquella cuerda fue la más hermosa de todas; ninguna niña tenía otra igual.

–¡Gracias! –le dijo la pequeña a San Virila.

–De nada –respondió él–. Sólo te pido que cuando acabes de saltar la cuerda, le devuelvas su arcoíris al Señor.

<hr />

Jean Cusset, ateo siempre con excepción de las veces que su hijita le da un beso, miró a contra luz su martini –con dos aceitunas, como siempre– y continuó:

–Yo no temo a la muerte. Temo al dolor del cuerpo, sí, y a ese supremo dolor del alma que es la soledad. Pero a la muerte no. Y no le temo porque jamás estaremos juntos ella y yo: ahora que yo soy ella, no es; cuando ella sea yo, ya no seré.

–»Todo es vida –siguió diciendo Jean Cusset–, hasta la muerte. La misma vida que Dios creó en el principio de los tiempos es la vida que ahora hay, infinitamente diversa, como el mar, infinitamente igual a sí misma, como el mar. De esa Vida soy parte. Mi vida de ahora se repetirá en la Vida eternamente.

–»Dios es Amor, nos enseñaron –concluyó Jean Cusset–. Si es Amor entonces es Vida. Y no puede haber muerte contra Él.

Así dijo Jean Cusset, y dio el último sorbo a su martini, con dos aceitunas, como siempre.

<hr />

Me habría gustado conocer a Israel ben Eliezer, llamado Baal Shem Tov.

Nació en Ucrania, en 1700, y vivió justamente 60 años. Quiero decir que vivió 60 años justamente. Carnicero, maestro, sanador, encargado de una taberna, Shem Tov hizo un hallazgo filosófico: descubrió la santidad de la vida. «No existe un solo grado del ser –escribió– en que no haya una chispa de lo divino. Todo el mundo es casa de oración».

Shem Tov profesaba la religión de la alegría. En eso consistió –señala Martin Buber– su misticismo cotidiano: en celebrar la vida con jubiloso espíritu. Nos enseñó a ser compasivos y amorosos con quienes viven junto con nosotros en este templo, el mundo.

El 22 de mayo de 1760, murió Eliezer. Sus últimas palabras, dichas a su familia que rodeaba el lecho, fueron éstas: «No tengo preocupación. Sé que salgo por una puerta para entrar por otra».

Me habría gustado conocer a Baal Shem Tov. Conocía la fuente de la vida, por eso no temía a la muerte.

―◇―

Charlaba el padre Soárez con el Cristo de su iglesia.

–Señor –le preguntó–, ¿qué debemos hacer los humanos para merecer tu bondad infinita?

Respondió el Cristo:

–Comodidad.

–No entiendo –se desconcertó el padre Soárez.

–Oíste bien –repitió Jesús–. Comodidad.

Siguió sin entender el padre Soárez.

–¿Comodidad? –dijo confuso–. ¿Eso nos recomiendas para retribuir tus bendiciones? ¿Comodidad?

–Sí –sonrió el Cristo–. Comodidad. Como di, dad. Dad como Yo os di. Igual que Yo os he dado, dad vosotros a los que no tienen.

El padre Soárez entendió por fin, y supo que el mundo sería un mejor sitio si todos aplicáramos esa regla de «Comodidad».

———◦———

Clamó un predicador en su sermón:

–¡Huid de las tentaciones de la carne!

Sus feligreses comentaron al salir del templo:

–Es un gran predicador.

Dijo otro predicador en su sermón:

–Vuestros vestidos y vuestros zapatos están hechos con las vidas de trabajadores a quienes no se les paga un salario justo. Aquí el pan es muy caro, y la carne y la sangre del hombre muy baratas.

Sus feligreses comentaron al salir del templo:

–Está loco.

———◦———

Se diría que Malbéne, el más controvertido teólogo de nuestro tiempo, busca más la polémica que la verdad. Sin embargo, aun sus mayores críticos admiten que sus escritos mueven a la reflexión. En su último artículo para la revista *Lumen*, dice:

«La verdad es que el martirio no prueba nada aparte del hecho de que el mártir estuvo dispuesto a morir por sus creencias, sean éstas las que fueren. Hay quienes han sufrido martirio con tal de no comer carne de puerco, y otros por negarse a decir "Éste es mi cuerpo" en vez de "Esto es mi cuerpo". Yo pienso que el valor supremo es la vida. Estaría dispuesto a morir por defender a mi mujer o a mi hijo, pero no por defender mis ideas. En las creencias, puedo estar equivocado; en el amor no».

Dichas por un teólogo, esas palabras parecen muy impropias. Malbéne, sin embargo, se ha vuelto un especialista de la impropiedad.

———◄○►———

HISTORIAS DE LA CREACIÓN DEL MUNDO

Dios hizo al hombre.

Tomó un poco de barro, le dio la forma humana y luego insufló su aliento en la criatura.

Nació Adán a la vida.

Entonces Dios le dijo al hombre:

—Ahora hazme tú a mí.

———◄○►———

El deán de la catedral estaba triste: ya no tenía dinero para hacer los vitrales de la catedral. A San Virila le afligía la tristeza; en su opinión, el Reino del Señor es de alegría. Así, se colocó frente a los ventanales huecos e hizo un ademán. Los rayos del sol occiduo se irisaron en colores y matices, y con su luz cambiante se formaron los vitrales de la catedral.

—¡Oh maravilla! —exclamó el deán lleno de emoción—. ¿Qué puedo hacer, Virila, para corresponder a este milagro?

Respondió el santo:

—Trabaja ahora tú para poner ventanas en las casas de los pobres. Ningún milagro del Cielo vale si no se convierte en milagros de amor sobre la Tierra.

◄◊►

Jean Cusset, ateo siempre con excepción del día que observó con atención una amapola silvestre, dio un nuevo sorbo a su martini —con dos aceitunas, como siempre— y continuó:

—Admiro bastante a los que creen en Dios. Para eso se necesita mucha fe, y en nuestros tiempos la fe que antes movía montañas, escasea tanto que ya no sería capaz de mover ni una piedrecilla de hormiguero.

—»Sin embargo —siguió diciendo Jean Cusset—, admiro más a los que no creen en Dios, porque tienen más fe, que los que creen en él.

Los contertulios de Jean Cusset fijaron en el filósofo una mirada de interrogación.

—De veras —explicó Jean Cusset—. Hace falta tener mucha fe para creer en Dios, pero hace falta mucha más fe para creer en el azar y sostener que el Universo es obra suya.

Así dijo Jean Cusset. Y dio el último sorbo a su martini, con dos aceitunas, como siempre.

Me habría gustado conocer a don Santiago Ramón y Cajal.

Premio Nobel de Medicina en 1906, sus investigaciones en materia de histología abrieron nuevos campos al conocimiento de la anatomía humana. La anatomía... Educado en el frío cientificismo de su tiempo, el joven Ramón y Cajal dijo una vez:

–Creeré que el hombre tiene un alma cuando la vea en el microscopio.

Era la época en que su maestro de patología en la Facultad de Medicina empezaba su curso diciendo:

–El propósito de esta asignatura es enseñar a ustedes a acabar con Dios y con la tuberculosis.

Pasaron los años. Pasaron cosas en la vida de Ramón y Cajal. La mucha edad y la mucha ciencia lo hicieron pensar que había algo en el hombre a más de los tejidos anatómicos. Cuando uno de sus amigos le repitió la frase de su juventud, dijo don Santiago:

–Ahora si viera el alma en el microscopio dejaría de creer en ella.

—◇—

El obispo de la diócesis llamó al padre Soárez y le dijo:

–Sé que sueles charlar con el Cristo de tu iglesia.

–Así es, Su Excelencia –respondió el padre Soárez–. Cualquiera, hasta un obispo, puede platicar con Él.

–Bien –prosiguió el dignatario sin oír–. Como tú sabes, hay mucho sufrimiento en el mundo, mucha pobreza, dolor y soledad. Pregúntale al Señor por qué no hace algo para aliviar todo eso.

El padre Soárez respondió:

–No puedo hacerle tal pregunta a Cristo.

–¿Por qué? –se sorprendió el obispo.

Explicó el padre Soárez:

–Porque seguramente Él me preguntará lo mismo a mí.

———◦———

A los quince años de edad, Bernardo de Alejandría entró en la gran biblioteca que guardaba quinientos mil volúmenes e hizo el juramento de no salir de ahí hasta encontrar la última verdad del universo.

A los treinta años escribió un libro. Los sabios se admiraron con los hondos misterios guardados en sus páginas. Pero Bernardo dijo que en los millones de palabras que había escrito no estaba la verdad que buscaba.

Siguió buscando otros treinta años, y acabados que fueron sacó a la luz un nuevo libro. Tenía menos palabras, mas Bernardo dijo que tampoco en ellas estaba la verdad última del universo, pero que se iba acercando ya ella.

Pasaban los años y nuevos libros salían de manos de Bernardo. Cada uno era más pequeño, tenía menos palabras que el anterior. Pero tampoco en ellos el sabio había hallado su verdad.

Por fin un día lo venció el tiempo. Bernardo sintió que se acercaban los pasos de la muerte. Congregó a sus discípulos en torno de su lecho y con una sonrisa les dijo que había encontrado finalmente la última verdad. Les indicó que para decir esa verdad no eran necesarias millones de palabras, sino una sola. Les dijo que ésa era la palabra Amor.

Murió diciéndola, y la sonrisa que quedó en sus labios hizo saber a sus discípulos que aquel maestro bueno había encontrado la verdad.

—◁◦▷—

No me sorprende que Malbéne, quien se describe a sí mismo como «un teólogo sin teología», provoque con frecuencia la irritación, y aun la hostilidad de sus colegas.

En su más reciente artículo para la revista *Iter*, escribió este párrafo que podría ser causa de que algunos lo tachen de herejía:

«Todos vamos a morir, porque nacimos. Considerando la inevitabilidad de ese hecho, hay quienes dicen que debemos prepararnos para la muerte. Yo pienso, en cambio, que la certeza de que hemos de morir debe hacer que nos preparemos para la vida: para vivirla con intensidad y gozo; para hacer de ella un ejercicio constante de amor y bien a los demás; para llegar al final de nuestros días sin lamentar no haberlos vivido plenamente.»

Esas ideas, no cabe duda, serán piedra de escándalo. Y más lo será la frase con que Malbéne da fin a su disertación:

«Debemos vivir como si esta vida fuera la única que vamos a vivir.»

Lagrange, uno de sus enconados críticos, opinó al respecto: «Esas palabras pertenecen a la piara de Epicuro, y no son para ser dichas por quien profesa una religión».

———◦———

HISTORIAS DE LA CREACIÓN DEL MUNDO

Adán y Eva comieron la manzana.

(Siempre que haya una manzana, o cualquier otro fruto prohibido, el hombre y la mujer volverán a comer).

Jehová se irritó, e imaginó terribles maldiciones para castigarlos. (En tiempos del Antiguo Testamento, Jehová no conocía aún el amor. Lo conocería después, cuando naciera de vientre de mujer y supiera del amor de una madre, pero en este tiempo el amor le era desconocido. Por eso su carácter vengativo y cruel).

Adán y Eva salieron expulsados del Paraíso.

–Nada tenemos ya –gimió el hombre.

–Tenemos mucho –lo consoló Eva–. Tú me tienes a mí y yo te tengo a ti.

Jehová escuchó aquello y supo que los humanos tenían algo que no tenía él.

———◦———

Diosito era, digamos, como el Presidente. Los santos, en cambio, eran alcaldes muy cercanos, autoridad local a la que se podía recurrir en busca de ayuda y protección.

140

Había santitos para todo: para encontrar las llaves extraviadas, para los males de la garganta, contra el rayo, para el dolor de muelas... Había santos llovedores, casamenteros, acabadores de plagas, abogados de causas difíciles y desesperadas. Había santos en la cocina, en el mar, en la cacería. Los zapateros tenían su santo, lo mismo que los estudiantes, los médicos, los viajeros, los predicadores y las muchachas de la mala vida.

¿Qué fue de esa galana corte celestial? ¿Qué se hizo de aquella colección de policromas estampitas con santos y santas para todos, para todo? Teólogos sabios racionalizaron mi Iglesia, y con eso le quitaron el hondo sentimiento popular. Lo religioso no es cosa de razón; en la razón la fe naufraga o se extravía. Es en el sentimiento donde florece lo sagrado. Siento nostalgia por aquella cohorte colorida de santos y de santas... ¿Quién me regala una estampita?

———◦———

Como los habitantes de Marburgo se negaban a creer, San Virila hizo un milagro: alzó su mano y las aguas del río comenzaron a fluir hacia arriba. Entonces los habitantes de Marburgo se convirtieron a la religión.

Días después Virila vistió la impía ciudad de Glazinger, cuyos pobladores se revolcaban en el fango de la depravación. Largos días predicó para iluminar las caliginosas tinieblas de sus almas con la luz salvadora de la fe. Pero ellos lo oían como quien oye no llover. Desesperado, San Virila hizo un ademán y el sol detuvo su curso en las alturas.

Viendo aquel prodigio, los pecadores cayeron de rodillas y a grito abierto imploraron el bautismo de la salvación.

–Grandes milagros haces, maestro bueno –decían a San Virila sus discípulos. Él les respondía con tristeza:

–Jamás podré hacer el milagro mayor: que los hombres crean en Dios sin necesidad de ver milagros.

———◦‣———

Jean Cusset, ateo con excepción de las veces que oye música de Tchaikovsky, dio un nuevo sorbo a su martini –con dos aceitunas, como siempre– y continuó:

–Todavía se escucha en las iglesias hablar acerca del infierno. Yo no creo en ese sitio de condena eterna. Pienso que cada ser humano es una página hecha por Dios para que el hombre escriba en ella, y no lo creo capaz de quemar ni siquiera las páginas que llevan más errores. Pero debemos ayudarlo, porque, aun si no hemos pecado mucho, lo cierto es que no podemos llegar a la presencia del Padre después de habernos pasado la vida hablando de futbol y modas. Lo que me alarma oyendo a los predicadores es que al parecer el infierno está reservado a los homicidas y los fornicadores, y no es para quienes explotan a sus trabajadores o hacen objeto de injusticias a los pobres que emigran de su país. Si insistimos en que hay infierno, debemos diseñar uno más moderno para estos pecados nuevos que los inventores del infierno antiguo no pudieron conocer.

Así dijo Jean Cusset. Y dio el último sorbo a su martini, con dos aceitunas, como siempre.

Las cosas más grandes tienen los nombres más pequeños.

Dios

Mar

Vida

Pan

Amor

Otra cosa sería si los nombres correspondieran a la grandeza de los seres.

Entonces Dios se llamaría, por ejemplo, Diosiuhmpotghuiwsdfswoasuioendysyrtorusnornesanponsuwomblwdios.

El mar se denominaría marldygsurnavocsiwaczoomrhydoieiminumshmar.

Y el nombre del amor sería amorlytfisgartyanomutzadfegrjijohostarbedijsroemusisgjuiwejhgfhrotushserbwaqyebfristsjureitruswoystisurnismerbuszaqorniieksoertshunmorgernamor.

Pero esas cosas que he citado son tan grandes que no necesitan nombres grandes.

Se llaman entonces con nombres muy pequeños. Tan pequeños como nosotros.

—◁▷—

El padre Soárez charlaba con el Cristo de su iglesia. Le preguntó:

—Señor, ¿cómo te gusta que hablen los predicadores?

El Cristo respondió:

—Me gusta que hablen conmigo, es decir, que oren. Me gusta que hablen de mí, es decir, de mi doctrina y enseñanzas. Me gusta que hablen para mí, es decir, en mi alabanza. Me gusta que hablen en mí, es decir, poseídos por mi espíritu.

Y concluyó:

—Lo que no me gusta es que hablen por mí.

El padre Soárez entendió lo que decía Jesús, y en adelante procuró no arrogarse la representación del Salvador. Eso, pensó, es tomar el nombre de Dios en vano.

—◦—

Me habría gustado conocer a Lilian Preston.

Solía asistir a cierta iglesia de Nueva Inglaterra, a la cual llegó un nuevo pastor.

En su primer sermón el reverendo habló largamente del infierno, y describió en detalle sus tormentos eternales. La señorita Preston, que en ese tiempo tenía 90 años de edad, se puso en pie y dijo con voz fuerte y clara:

—Dios es amor.

Seguidamente, se salió del templo. Tras ella salieron otros feligreses.

Entiendo que el Señor es justo y misericordioso, pero tengo para mí que su misericordia es mayor que su justicia. Tiendo a coincidir con Malbéne, que reconoce la existencia del infierno, pero dice que de seguro está vacío.

Me habría gustado conocer a Lilia Preston. Sabía que en esas tres palabras: «Dios es amor» caben todas las teologías.

–Señor –preguntó Adán–, ¿por qué hiciste tan bella la parte posterior de la mujer?

–Muy sencillo –le explicó el Creador–, esa parte de la anatomía femenina está cuidadosamente calculada a fin de que sirva de contrapeso cuando la mujer quede embarazada y deba llevar en el vientre a su futuro hijo. Diseñado y construido así, el cuerpo de la mujer guardará un perfecto equilibrio, ya que el peso de su vientre será compensado por el de su parte posterior. Gracias a ese cálculo, la mujer encinta no deberá esforzarse por mantener la vertical.

–¡Caramba! –exclamó Adán entre sorprendido y desilusionado–. ¡Yo pensé que eso era cosa de estética, y resulta que es cuestión de ingeniería!

En una pequeña iglesia de Mallorca, se halla la imagen de un doliente Cristo. La mano derecha del Crucificado está desclavada de la cruz.

Cuenta la piadosa leyenda que, hace muchos años, un hombre llegó a la capilla buscando a un sacerdote para pedirle que lo escuchara en confesión. Terribles eran los pecados de aquel hombre; sus culpas eran más grandes que las mayores que el sacerdote había conocido en toda su vida, larga ya, de confesor. No existía falta en que el malvado no hubiese incurrido; todos los pecados mortales los había cometido aquel torvo mortal.

–¿Qué hago? –se preguntaba en su interior el sacerdote lleno de congoja–. ¿Cómo he de darle la absolución a este monstruo de maldad? ¡Sus culpas no pueden tener perdón de Dios!

En ese momento, se oyó en la capilla un ruido como de madera que se resquebrajaba. El cura volvió la vista y se quedó sin habla: el Cristo había desclavado su mano de la cruz y con una mirada de misericordia estaba dando la absolución al hombre.

◄◦►

El panadero del pueblo le pidió a San Virila que hiciera algún milagro. Sonrió el frailecito, levantó su mano y todos los panes de la panadería se volvieron flores.

Boquiabierto y asombrado quedó el panadero. Pero su asombro y su estupefacción fueron mayores cuando San Virila hizo otro movimiento y todas las flores de la plaza se volvieron panes. Le explicó el humilde santo:

–En el mundo, hermano, debe haber panes y flores. Aquéllos son alimento para el cuerpo; éstas son bellezas para nutrir el alma. A ningún hombre ha de faltarle nunca la comida y la belleza. A nadie ha de faltarle nunca un pan y una flor.

Así dijo San Virila, y regresó luego a su convento a llevar a sus hermanos pan y flores.

◄◦►

Jean Cusset, ateo con excepción de la vez que vio de cerca una ballena, dio un nuevo sorbo a su martini –con dos aceitunas, como siempre– y continuó:

–Pensé escribir un aforismo que dijera: «Dios hizo hermosa a la mujer. El diablo la hizo sexy». Sin embargo, me di cuenta de que ese pensamiento estaba errado. También fue Dios quien hizo sexy a la mujer. Así atraería al hombre y cumplirían los dos el amoroso rito de prolongar la vida.

–»En su omnisciencia Dios puso en nosotros el deseo sexual, la expresión más plena de la vida y del amor. Es algo limpio, pero la gente inmoral y la gente demasiado moral, lo han convertido en algo sucio. Demos gracias a Dios porque hizo hermosa a la mujer, y también por haberla hecho sexy.

Así dijo Jean Cusset. Y dio el último sorbo a su martini, con dos aceitunas, como siempre.

———◇———

John Dee fue el hombre más sabio de su tiempo. Erasmo de Rotterdam lo llamó «corona del pensamiento humano».

En cierta ocasión lo visitaron doce maestros de Oxford. Le pidieron que les mostrara su biblioteca, y Dee los hizo pasar por frente de los colmados plúteos. Ahí estaban todos los grandes libros de la antigüedad helénica, latina, arábiga y hebraica. Ahí estaba también todo el saber de su época.

Uno de los visitadores, clérigo, le preguntó enarcando las cejas si no tenía el Libro Sagrado.

–Sí lo tengo –contestó el filósofo.

Abrió la ventana y mostró al hombre el paisaje que se extendía ante sus ojos. En él la bóveda del cielo, con las primeras estrellas de la noche empezando a cintilar; en él la tierra henchida de criaturas vegetales y animales; en él, las aguas del gran río. Y los hombres, y las mujeres y los niños, todos hechos de tierra, y agua, y cielo.

—He ahí el Libro Sagrado.

No respondió el clérigo. Ya le habían contado que Dee era un poco raro.

—◦—

El padre Soárez charlaba con el Cristo de su iglesia. Le dijo:

—Ahora me dedico, Señor, al estudio del pleroma. Esa palabra viene del griego; expresa la idea de totalidad. El término fue usado por los primeros cristianos, igual que por los gnósticos, en referencia a la plenitud de la divinidad de Cristo, según la manifiesta Pablo en Colosenses 2. Posteriormente, los grandes escritores del cristianismo, sobre todo Orígenes y Tertuliano, emplearon el vocablo «pleroma» como sinónimo de la revelación divina que surge de la fe.

Comentó Jesús:

—No sabía todo eso. Ojalá el tal pleroma sirva para hacerle el bien a alguien.

—◦—

Me habría gustado conocer a doña Sara Iriarte de Moirón.

Española, vivió en un pueblo a orillas del Ebro en tiempos de la guerra carlista. El cura del lugar, partidario de esa causa, hizo que un grupo de levantados entrara en la capilla con sus armas e interrumpió la misa para bendecírselas. Doña Sara se levantó de la banca y fue con sus criadas a la puerta.

—¿A dónde va usted, señora? —le preguntó el cura con molestia.

—A mi casa, señor cura —le contestó doña Sara—. Volveré cuando usted bendiga la paz y no la guerra; cuando bendiga el amor y no los odios.

Me habría gustado conocer a doña Sara Iriarte de Moirón. Sabía ella que hay cosas para bendecir y cosas para maldecir. Y sabía también que nadie en nombre de Dios debe confundir unas con otras.

———◦———

Todos los textos que Malbéne escribe son polémicos, pero el último que publicó en *Lumen*, la revista lovaniense, ha provocado el enojo de sus colegas, generalmente ecuánimes. He aquí las palabras que suscitaron tal irritación:

«Entre los grandes creadores de ficciones están los novelistas, los políticos, los economistas y Hollywood. Sin embargo, ninguno de esos grupos ha inventado fantasías mayores que las que hemos concebido los teólogos».

No contento con esa declaración, Malbéne añade otra aún más lapidaria:

«Si Dios leyera nuestros escritos —jamás los ha leído—, no se reconocería en ellos. Más aun, pienso que si Dios nos leyera dejaría de creer en Dios».

La tesis final de Malbéne es que en una flor o un insecto hay más teología que en la *Summa* de Santo Tomás de

Aquino. También afirma que el amor contiene todas las teologías. Su pensamiento ha sido tachado de estar «peligrosamente cerca de la herejía». Dice él: «Quizá yo sea un hereje, pero soy un hereje enamorado de Dios».

———◄◌►———

HISTORIAS DE LA CREACIÓN DEL MUNDO

En realidad Adán no iba a comer el fruto del Árbol del Bien y del Mal.

Era sumiso el hombre a la voluntad de su Creador, y temeroso de Dios. Por eso no iba a comer el fruto prohibido.

Pero Eva le dijo algo al oído.

Y entonces Adán abrió mucho los ojos y con voz anhelante preguntó:

–¿Que tú vas a comer la manzana, y luego voy a comer yo, y luego haremos qué?

Eva explicó lo que iban a hacer después de comer la manzana.

Y por eso Adán comió.

Y comió.

Y comió.

———◄◌►———

No era una luna. Era una insinuación de luna. Era una sugerencia, una hipótesis, una alusión, una promesa tímida de luna.

Estaba en el poniente, casi por donde poco antes se había puesto el sol. Azul cobalto, el cielo tenía el color de la noche que comienza. Y era la luna apenas una rayita hecha de luz. Parecía aquel cielo un gran telón oscuro, y la luna una rendijita por la que se asomaba Dios para ver cómo estaba su público esa noche.

A mí me dieron ganas de aplaudir a aquella luna pequeñita que el día anterior había eclipsado a todos los soles de la Europa. Hasta dentro de muchos años, dicen unos, se repetirá el prodigio. Yo digo que los prodigios se repiten todos los días. Cada día y cada noche son un prodigio nuevo que el gran autor inventa para nosotros, su público ingrato e indiferente.

———◁◌▷———

San Virila escuchaba con paciencia el sermón de aquel predicador.

—Entonces —dijo el hombre—, apareció una estrella en el oriente.

Procedió a describirla con elocuencia: habló de su fulgor, de su blancura, de su fulgente claridad...

Cuando acabó de hablar, le preguntó Virila:

—¿Para qué surgió esa estrella?

—Muy sencillo —le respondió el predicador—. Era necesaria para anunciar a Dios ante los hombres.

—¡Qué raro! —se sorprendió con expresión ingenua San Virila—. A mí todas las estrellas, aun las más pequeñas, me anuncian a Dios.

Jean Cusset, ateo con excepción de las veces que oye cantar un lied de Schubert, dio un nuevo sorbo a su martini –con dos aceitunas, como siempre– y continuó:

–Para muchos cristianos la vida debe ser dolorosa, un continuado sufrimiento que ofrecerán a Dios en pago de la eterna salvación. Desde esa oscura ventana la felicidad se ve como un pecado y el gozo del cuerpo como un mal.

–»Pero –siguió diciendo Jean Cusset–, el Antiguo Testamento palpita de humano amor en el Cantar de los Cantares, y el Evangelio sonríe con el relato de Belén. La «Noche Oscura del Alma» que acongojaba al místico, la iluminó el poeta con una «Llama de Amor Vivo». Carne somos y espíritu. No castiguemos en el cuerpo las bancarrotas del espíritu, ni atormentemos al espíritu cuando claudique nuestra parte corporal.

Así dijo Jean Cusset. Y dio el último sorbo a su martini, con dos aceitunas, como siempre.

—◇—

Me habría gustado conocer a aquel poeta ruso cuyo nombre nadie registró.

Disidente político, fue condenado a muerte por el Zar, e iba a ser ahorcado. En el momento del suplicio un sacerdote le acercó al reo una imagen de Jesús crucificado para que la besara. El hombre la rechazó y dijo al sacerdote:

–Aquí se está cometiendo un sacrilegio, padre. Unos hombres van a quitar a otro la vida que el Señor le dio y que sólo Él puede quitarle. Denuncie usted el crimen y no traiga a Cristo aquí.

Me habría gustado conocer a ese hombre. Sabía que las religiones bendicen muchas veces la muerte en vez de proclamar lo sagrado de la vida.

◄◦►

El padre Soárez platicaba con el Cristo de su iglesia.

–Señor –le preguntó–, ¿qué pasará si se apaga la lamparilla de tu altar?

–No pasará nada –le contestó Jesús.

–Y si se apaga la vela que frente a tu imagen arde, ¿qué sucederá?

–Nada sucederá –respondió el Cristo.

–Y ¿qué pasará –insistió el padre Soárez– si se apaga el cirio pascual del templo?

–Tampoco pasará nada –respondió Jesús–. Cuida solamente que no se apaguen tu fe, tu esperanza y, sobre todo, tu amor.

◄◦►

El hombre bueno vivía vida buena. Era casto y humilde, huía de los placeres y se entregaba a duras penitencias. Le preguntaban al hombre bueno sus amigos: «¿Por qué vives así?» Y él respondía haciendo otra pregunta: «Porque ¿qué tal si hay un Dios?»

El hombre malo vivía vida mala. Era lujurioso y soberbio, día y noche se entregaba a la voluptuosidad, y halagaba su cuerpo con toda suerte de molicies. Le preguntaban al hombre malo sus amigos: «¿Por qué vives así?» Y él respondía haciendo otra pregunta: «Porque ¿qué tal si no hay un Dios?»

Pasaron los años, y el hombre bueno y el hombre malo se vieron al final de su vida. En los umbrales de la muerte se preguntaba el hombre malo: «Y ¿qué tal si hay un Dios?» Y en los umbrales de la muerte se preguntaba el hombre bueno: «Y ¿qué tal si no hay un Dios?»

◄◊►

El último artículo publicado en *Communio* por Malbéne hará seguramente que más de un teólogo enarque las cejas suspicazmente. Dice el controvertido teólogo:

«Por cuidarnos de ganar el Cielo los hombres de religión nos hemos olvidado de la Tierra. No es un valle de lágrimas: es un hermoso mundo lleno de belleza y armonía que estamos destruyendo por ignorancia o ambición.

»Debemos hacer énfasis en la santidad de la materia, y olvidar nuestra antigua hostilidad a las cosas del aquí y ahora. Finquemos en lo material, obra también de Dios en la cual late su espíritu, una nueva visión de lo sagrado. Lo terrenal no es una atadura: es un canto que nos eleva el alma: "Los cielos y la tierra proclaman la gloria del Señor", dice el salmista.

»Ya no enseñemos, pues, que este mundo es algo deleznable. Aprendamos que es la casa en que vivimos. Cuidar de esa morada común es una prédica que hemos descuidado. Si queremos sobrevivir debemos fundar una "teología de la materia".»

No siempre estoy de acuerdo con Malbéne. Ahora, sin embargo, concuerdo con él. También yo, en ese sentido, soy materialista.

———◄◊►———

HISTORIAS DE LA CREACIÓN DEL MUNDO

En el principio, no había estrellas en el cielo. La bóveda celeste era una comba negra sin esplendor de luces; sólo una sombra que cubría con su tiniebla la redondez del mundo.

Un día Adán dijo al Señor:

—Señor, esto se ve muy triste. ¿Por qué no haces las estrellas?

Dios vio que era bueno lo que Adán le decía, e hizo las estrellas. Hizo a Sirio, que brillaba como un rubí de sangre niña; hizo a Mizar, eje del Carro; hizo a Algol, estrella que forman tres estrellas; hizo a Altair, la del hermoso nombre. Y luego hizo a las demás estrellas, incontables.

Pero Adán seguía insatisfecho.

—¿Qué sucede? —le preguntó el Señor—. Me pediste que hiciera las estrellas, y las hice. Hice a Mizar e hice a Algol; hice a Sirio y a Altair...

—Sí —le respondió mohíno Adán—. Pero yo creí que ibas a hacer a Marilyn Monroe, a Elizabeth Taylor, a Ava Gardner y a las demás.

El abate Marchesi, hombre de religión, vivió su existencia en soledad. Hizo siempre muy duras penitencias, jamás disfrutó los goces de la vida, la pasó recitando letanías día y noche.

Solía aquel abate asustar a la gente hablándole con tonos espantables del infierno. Todos estaban condenados al infierno según él: la muchacha que cada tarde peinaba su larga cabellera en el balcón; los amantes que cambiaban furtivos besos en los linderos del bosque de abedules; el anciano que en la taberna recordaba sus amores de la juventud. Todos se iban a ir al infierno, según él.

Cuando murió al abate se le negó la entrada al cielo porque no había vivido la vida de los hombres, sus alegrías y sus llantos, sus heroísmos y sus mezquindades, su felicidad y su dolor.

—Al infierno debe ir este hombre —oyó el abate que decían de él los jueces celestiales.

Y se encontró de nuevo convertido en hombre de religión que se pasaba la vida en soledad, haciendo duras penitencias, sin disfrutar los goces de la vida y recitando letanías día y noche.

———◦———

El hermano Pascual, cocinero del convento, le dijo lleno de angustia a San Virila:

—¡No tengo con qué hacer la comida!

–Ve al bosque –le dijo el frailecito–. Junto al encino grande encontrarás cebollas, lechugas, zanahorias y otras verduras. Con ellas podrás hacer la sopa.

«En el bosque no crece nada de eso», dudaba el hermanito mientras se dirigía al encino grande. Pero encontró ahí todo lo que le había dicho San Virila. Cuando volvió al convento le dijo entusiasmado:

–¡Qué gran milagro hiciste hoy!

–No lo hice hoy –contestó San Virila–. Empecé a hacerlo desde hace varios meses. Removí la tierra y puse en ella la semilla. Regué el huerto, protegí con un vallado las pequeñas plantas, quité la mala hierba. Ahora tú recogiste la cosecha.

–¡Ah! –se decepcionó el hermano Pascual–. Entonces no fue un milagro.

–Sí lo fue –respondió el santo–, la comida siempre es un milagro.

———◇———

Jean Cusset, ateo con excepción de cuando se ve en medio de una tempestad, dio un nuevo sorbo a su martini –con dos aceitunas, como siempre– y continuó:

–La alegría es cosa de Dios, en tanto que la amargura es cosa del demonio. Para agarrar las almas el diablo se vale de la melancolía, de ese constante estado de tristeza que debilita el ánimo y lo hace presa fácil del tedio, ausencia del bien y antesala del mal.

–»Para algunos –siguió diciendo Jean Cusset– la fe es cosa de risa. Y les asiste la razón, pues el que tiene fe se alegra, aun en sus tribulaciones, con la esperanza de un tiempo mejor. Su vida, en vez de llenarse con el hastío de la pesadumbre, se llenará con el gozo del amor.

Así dijo Jean Cusset. Y dio el último sorbo a su martini, con dos aceitunas, como siempre.

———◇———

A aquellos discípulos dijo Hu-Ssong a su tiempo:

—Es bueno tener fe. Es bueno creer en Dios. Pero es muy malo ondear la religión como bandera amenazante, y proclamar nuestras creencias igual que pregón de charlatán. Eso hemos de dejarlo a los merolicos de las religiones, que cansan lo mismo a los hombres que a Dios.

—¿Qué debemos hacer entonces, maestro —le preguntaron los discípulos—, para dar testimonio de nuestra fe?

—Hagan que se traduzca en obras buenas. La verdadera fe no necesita de palabras para mostrarse al mundo. Es pacífica, mansa y silenciosa. Ya sabemos que la fe sin las obras está muerta. Las muchas palabras, en vez de vivificar la fe, la acaban. Dejen que las obras manifiesten su amor al Dios en el que creen. Al ver esas obras buenas, los demás también creerán.

Los discípulos supieron que Hu-Ssong tenía razón, y fueron a predicar sin palabras. Es decir, fueron a hacer el bien.

———◇———

El padre Soárez charlaba con el Cristo de su iglesia. Le dijo:

158

–Cometí una falta grave. Fui a llevar la comunión a un agonizante y lo encontré lleno de angustia. Me dijo que temía ir al infierno. Desde niño, lo amenazaron con esa pena eterna; le describieron los tormentos indecibles que sufrían los réprobos. Ahora que llegaba al final de su vida, sentía terror de la muerte, pues podía llevarlo a aquel espantoso sitio de condenación.

–Y tú, Soárez, ¿qué hiciste? –le preguntó el Señor.

–Caí en culpa de herejía –respondió, desolado, el padre Soárez–. Me incliné sobre él y le dije al oído: «Vete tranquilo, hijo. No hay infierno».

Sonrió el Cristo y le dijo:

–Ninguna falta cometiste, Soárez. Negar mi amor infinito, ésa sí es herejía verdadera. Aun mi justicia está llena de amor. No sé a quién se le ocurrió eso del infierno. Debe haber sido un gran hereje.

———◦———

Yo digo que hay dos maneras de ganarse el cielo: una es ser infinitamente bueno, la otra es haber compuesto una hermosa canción.

Este segundo mérito es tan aceptable a los ojos del buen Dios que ni siquiera tiene que ser una canción como las de Beethoven, Schubert, Brahms o Strauss. Basta con que sea una canción de esas que sirven a los hombres para expresar su olvido y sus recuerdos, el gozo de su llanto y las penas de sus alegrías, su amor y desamor.

Así, supongo yo, hay un sitio especial en el Edén para los que han dado a los hombres, como bello regalo, letras y música para cantar. Imagino que llegará el compositor a las doradas puertas y el Señor le preguntará qué hizo en la vida.

–Compuse la canción tal –dirá el compositor temblando un poco.

–¿No es una que va así? –tarareará el Señor.

–Esa es, Señor –responderá el compositor más animado–. Y me sé otras.

–Con ésa es suficiente –le dirá Dios–. Pasa, tus pecados son perdonados.

Bienaventurados los que hacen una canción hermosa, porque ellos verán a Dios.

—◦—

Malbéne, a quien algunos llaman «el teólogo sin teología», escribió estas palabras en su último artículo para la revista *Living truth*, de la Universidad Católica de Washington:

«Hombre de poca fe, necio que soy, a veces tengo dudas sobre el Señor Jesús. ¿Por qué los iracundos latigazos a los mercaderes del templo? ¿Por qué la maldición, tan áspera, a la higuera? ¿Por qué las duras palabras que más de una vez dijo a su divina madre? Sobre la Virgen, sin embargo, ninguna duda tengo. Es mi madre también; me entrego a ella con la misma confianza con que un niño ciego se acoge a los brazos de su mamá. Soy suyo; soy mariano. Sé que en mi última hora sentiré su mano en la mía. Me llevará ante su Hijo y le dirá: "Su fe vaciló a veces; pero nunca renunció a la esperanza y tuvo mucho amor. Déjalo llegar a ti". Jesús responderá: "Está bien, madre". Y entonces estaré salvado.»

Uno de sus mayores críticos opina que Malbéne se mostró en este artículo «muy poco ortodoxo y demasiado sentimental». Yo lo leí ayer, víspera del día de la Asunción, y no vacilo en decir que me conmovió profundamente.

———◄○►———

HISTORIAS DE LA CREACIÓN DEL MUNDO

Llamó el Señor al perro y le dijo: «Tú vas a ladrar». Llamó al gato y le dijo: «Tú vas a maullar». Llamó a la vaca y le dijo: «Tú vas a mugir». Llamó a la oveja y le dijo: «Tú vas a balar». Llamó al león y le dijo: «Tú vas a rugir». Luego llamó a la pantera y le dijo: «Tú vas a himplar». Llamó al jabalí y le dijo: «Tú vas a arruar». Llamó a la cigüeña y le dijo: «Tú vas a crotorar». Llamó al cuervo y le dijo: «Tú vas a crascitar». Llamó a la paloma y le dijo: «Tú vas a zurear». Llamó al elefante y le dijo: «Tú vas a barritar».

Finalmente, el Señor llamó al hombre y le dijo:

–Tú, por desgracia, vas a hablar.

———◄○►———

Si oyes decir que un libro, cualquier libro, es «sagrado», ten mucho cuidado: ese libro es peligroso.

Si oyes decir que un pueblo, cualquier pueblo, es «el pueblo escogido», ten mucho cuidado: ese pueblo es peligroso.

Si oyes decir que una nación, cualquier nación, está sobre todas las demás naciones, ten mucho cuidado: esa nación es peligrosa.

Si oyes decir que un país, cualquier país, tiene un «destino manifiesto», ten mucho cuidado: ese país es peligroso.

Si oyes decir a un hombre, a cualquier hombre, que lo que hace lo hace en nombre de Dios, cualquier dios, ten mucho cuidado: ese hombre es peligroso.

———<o>———

San Virila iba camino del convento. Era febrero, el mes más crudo del invierno. Hacía un frío que calaba hasta más allá de los huesos, y la cellisca era como el soplo feroz de un dios de hielo.

Vio San Virila sobre la nieve un gorrión que había muerto de frío. Lo tomó en sus manos y lo acercó a su pecho. Entonces, el pajarillo revivió y salió volando por el aire helado.

–¡Milagro! –gritaron los aldeanos que habían visto aquello.

–No, hermanitos –les dijo San Virila–. Los milagros los hace sólo Dios. Yo le di amor a ese gorrión, y del amor nace la vida, por eso la avecilla revivió. Por fuerza de ese amor, fuente de vida, nosotros reviviremos también a pesar del invierno de la muerte.

Aquellos humildes hombres y mujeres entendieron las palabras de San Virila, y supieron que Dios es amor, y que el amor es vida.

Jean Cusset, ateo con excepción de cuando sufre, dio un nuevo sorbo a su martini –con dos aceitunas, como siempre– y continuó:

–Los hombres de religión han hecho de alma y cuerpo dos entidades no sólo separadas, sino aun opuestas y enemigas entre sí. Jamás han aceptado el hecho de que lo que hace bien al cuerpo hace bien al alma, y viceversa.

Siguió diciendo Jean Cusset:

–En la armonía de alma y cuerpo, en su unidad serena, el hombre y la mujer alcanzan su humana plenitud. No es cierto que atormentando el cuerpo, sometiéndolo a sufrimientos y mortificaciones, se beneficie el alma. El buen comer, el buen beber y el buen yacer son goces corporales, pero también son disfrute del espíritu. Si los volvemos culpas o pecados haremos daño a nuestra alma.

Así dijo Jean Cusset, y dio el último sorbo a su martini, con dos aceitunas, como siempre. Al hacerlo, sintió un profundo gozo espiritual.

«Aconteció en aquellos días que se promulgó un edicto de parte de Augusto César, que todo el mundo fuese empadronado.

»Este primer censo se hizo siendo Cirenio gobernador de Siria.

»E iban todos para ser empadronados, cada uno a su ciudad.»

El encargado de hacer el censo le preguntó al empadronador:

—¿A todos los inscribiste en el censo?

—A todos —contestó el hombre—. Me faltó solamente registrar a un niño que nació en un pesebre de Belén.

—¡Bah! —respondió, displicente, el funcionario—. Niño más, niño menos…

—◇—

El padre Soárez charlaba con el Cristo de su iglesia.

—Señor —le decía—, estoy avergonzado y triste porque ayer no tuve tiempo de rezar.

—¿Qué hiciste? —le pregunta el Señor.

—Estuve trabajando —respondió el padre Soárez—, y procuré hacer bien mi trabajo. Luego visité a un enfermo; fui a socorrer con un poco de dinero a una mujer anciana y sola; después estuve un rato con mi madre y mis hermanos, recordando las cosas de ayer en nuestro hogar; y por la noche me encontré con unos amigos, y juntos estuvimos admirando la belleza nocturna del mundo que creaste.

Se sorprendió el Señor y dijo al padre Soárez:

—¡Pero si estuviste rezando todo el día!

—◇—

Alguien le dijo a aquel predicador:

—Dos miembros de otra iglesia renunciaron a ella y van a ingresar en la nuestra.

164

—¡Benditos sean! —clamó el predicador alzando los brazos al cielo, lleno de alegría—. ¡Bienvenidos los conversos! ¡Alegrémonos por esos hermanos que han visto la luz de la verdadera religión!

—Hay otra noticia —le dice el mensajero—. Dos miembros de nuestra iglesia renunciaron y se van a unir a la otra.

—¡Ah, malditos apóstatas! —bufó el predicador cerrando los puños, iracundo—. ¡Condenados sean esos perversos a la Gehena de fuego donde siempre se escucha llanto y crujir de dientes!

Con esta narración quiero decir que un converso y un apóstata son la misma cosa. Su nombre no depende de ellos, ni de su acción, sino del punto en que está colocado el que los ve.

—◦—

A veces me pregunto si Malbéne gusta de irritar deliberadamente a sus colegas, o si escribe sus textos sin pensar en las consecuencias que tendrán. Veamos, por ejemplo, este que a modo de poema publicó en el último número de la revista *Iter*:

«Ahí va Cristo, prostituta. / Ahí va Cristo, andrajoso pordiosero. / Ahí va Cristo, enfermo pestilente. / Ahí va Cristo, preso en una cárcel. / Ahí va Cristo, migrante acosado por todos. / Ahí va Cristo, homosexual incomprendido. / Ahí va Cristo, mujer maltratada. / Ahí va Cristo, pobre. / Ahí va Cristo, solo. Ahí va Cristo, sufriente. / Ahí va Cristo, triste… Y no lo vemos.»

Esos versos –sobre todo el primero– habrán de molestar a algunos, que enviarán mensajes irritados a la publicación. No faltará quien diga que el texto de Malbéne no tiene ningún valor porque la palabra «sufriente» no está en el diccionario.

❖

HISTORIAS DE LA CREACIÓN DEL MUNDO

–Señor –se quejó Adán–. Tengo frío.

Entonces el Creador hizo el invierno.

–¡Dios mío! –exclamó el hombre atribulado–. ¡No te entiendo, Señor! Me quejaba porque tenía frío, y como respuesta a mi lamentación hiciste el invierno. ¿Por qué?

Ni siquiera había acabado de hablar Adán cuando Eva, su compañera, fue hacia él tiritando de frío. Lo abrazó; juntó su cuerpo con el suyo. Una dulce tibieza sintió Adán, como si un sol amoroso hubiese descendido del cielo sólo para darle calor a él.

Pasados algunos días el Señor preguntaba a Adán con una sonrisa muy traviesa:

–¿Ya no tienes frío?

–No, Señor –respondió Adán sonriendo igualmente, pero ruboroso–. Desde que inventaste el invierno ya no tengo frío.

❖

San Virila cultivaba el jardín de su convento. Solía decir: «En ninguna parte estoy tan cerca de Dios como en mi jardín».

166

Los otros frailes decían mal de los gusanos que hallaban entre las hojas de las coles, y cuando veían uno lo aplastaban con el pie. San Virila tomaba delicadamente a las pequeñas criaturas entre los dedos y las llevaba afuera. Sus hermanos le preguntaban por qué se tomaba tal trabajo. Y contestaba San Virila:

—Yo no le di la vida al gusanito. Por eso no se la puedo quitar.

Los frailes murmuraban por lo bajo; decían que San Virila exageraba. Pero él pensaba que la vida es sagrada, y que su santidad está lo mismo en un pequeño gusano que en un hombre. «Venimos de la vida –predicaba– y vamos a la vida. En eso consiste la verdadera eternidad. Nos pertenece a los humanos; le pertenece también al gusanito».

Los frailes oían aquello y murmuraban por lo bajo; decían que San Virila exageraba.

◄◦►

Jean Cusset, ateo con excepción de los días de Navidad, dio un nuevo sorbo a su martini –con dos aceitunas, como siempre– y continuó:

—La Iglesia ha sido causa de mucho sufrimiento. En nombre de los principios religiosos puso dolor en la vida de muchos hombres y mujeres: las madres solteras, por ejemplo, o los divorciados. Olvidados del amor y el perdón, los eclesiásticos sembraban en la gente fanatismos y prejuicios que condenaban a muchos desventurados al desprecio social. Alguna vez la Iglesia tendrá que pedir perdón a las víctimas de su intolerancia, por las angustias y aflicciones que les causó al olvidar el supremo mandamiento del Señor: «Amaos los unos a los otros».

Así dijo Jean Cusset. Y dio el último sorbo a su martini, con dos aceitunas, como siempre.

⊷◦⊶

El padre Soárez charlaba con el Cristo de su iglesia.

—Señor —le preguntó—, ¿te gustó mi sermón de hoy?

—No estuvo mal —respondió Cristo—. Fue breve. Con eso cumpliste al mismo tiempo los preceptos de la retórica y de la caridad. Los mejores sermones, sin embargo, son los que enumera Ripalda.

El padre Soárez se desconcertó.

—No recuerdo que Ripalda haya hablado acerca de sermones en su Catecismo.

—Sí habló —le replicó Jesús—. Dijo que debemos dar de comer al hambriento, dar de beber al sediento, vestir al desnudo, dar posada al peregrino, visitar a los enfermos... Quien haga una obra de misericordia dirá un sermón superior a todos los de Bossuet y Fenelon que, dicho sea entre paréntesis, me aburrían bastante.

El padre Soárez entendió lo que Jesús quería decirle: el mejor sermón es una buena obra.

⊷◦⊶

Daño muy grande han hecho al mundo estas palabras: «El hombre es el rey de la creación».

En el catecismo, los vocablos «Hombre», «Rey», «Creación» aparecían con inicial mayúscula. Dios, se nos enseñaba, puso al hombre en el mundo para que señoreara sobre las demás criaturas. Debía «henchir la tierra y sojuzgarla».

No sé si fue en cumplimiento de esa orden, pero lo cierto es que el hombre se ha multiplicado de tal modo que ya amenaza a su planeta, y lo tiene tan sojuzgado que lo está destruyendo inexorablemente. El supuesto rey trata a la creación como a una esclava; la explota sin importarle que perezca.

Ahora sabemos que el hombre no es el rey de la creación. Es una criatura más que comparte una casa con las otras. La naturaleza ve con iguales ojos al hombre que a la oruga. Si aprendiéramos a ser más humildes brillaría una luz de esperanza en este mundo, enfermo de soberbia humana.

<hr />

Malbéne, controvertido teólogo, se las arregla para escandalizar a veces incluso a sus colegas más liberales. En el último artículo que escribió para *Verba*, la revista teológica de la Universidad de Zúrich, dice esto:

«A veces a Jesús se le olvidaba que era Jesús. Por ejemplo, cuando expulsó a latigazos a los mercaderes del templo, o cuando maldijo a la higuera, que ninguna culpa tenía de su infertilidad. Si a Él, que era Dios, se le olvidaba en ocasiones su doctrina de amor y de perdón, ¿será de extrañar, entonces, que a nosotros los hombres se nos olvide a veces que somos hijos de Dios?»

Esas palabras de Malbéne se prestan a muchas interpretaciones. Por eso han sido motivo de polémica. Pero lo dice él mismo: «En estos tiempos ya se habla tan poco de Dios que es bueno provocar que se hable de Él».

—◦—

HISTORIAS DE LA CREACIÓN DEL MUNDO

Terminó el Señor la obra de la creación. Llamó a Adán y a Eva, y les mostró lo que había hecho: el cielo con el fulgor del sol y el pálido claror de lunas y de estrellas; la tierra con su preciosa carga, que es la vida; las hierbas y los árboles, los animales, las aves, el mar con sus pescaditos. Les mostró las montañas y los ríos; los bosques y las selvas; el esplendor todo de la naturaleza. Y les dijo:

—Alguna vez ustedes tendrán libros sagrados: la Tora, la Biblia, el Corán... Pero éste que ven ahora es mi libro sagrado. Aprendan a leerlo, pues irá por caminos malos quien no sepa leer el libro que con sus propias manos hizo Dios.

—◦—

El famoso predicador tuvo un mal sueño. En él soñó que se moría (los famosos predicadores también mueren) y llegaba a presencia del Señor. Junto con él llegaba Sabás, el zapatero remendón del pueblo donde vivió los años de su infancia.

Pensó el famoso predicador que sería admitido de inmediato en la morada celestial. ¿Cómo no iba a ser así? Había proclamado siempre el nombre del Augusto. Se abrió la puerta del paraíso y dijo un ángel:

–Que entre Sabás, el zapatero.

El famoso predicador inquirió con enojo:

–¿Por qué pasa primero el remendón que yo?

Respondió el ángel:

–El Señor ama a sus criaturas. Hoy recibe en su casa al remendón porque con los zapatos que hizo evitó que los hijos de Dios se lastimaran los pies al caminar. Tú di qué hiciste para evitarles sufrimiento.

El famoso predicador salió de aquel mal sueño, y en adelante su vida fue más de buenas obras que de sonoras palabras.

———◦———

San Virila fue al pueblo a pedir el pan para sus pobres. Al llegar vio a un muchachillo que lloraba desconsoladamente al pie de un árbol. Le preguntó:

–¿Por qué lloras, pequeño?

Gimió el niño:

–Mi gatito subió al árbol y no puede bajar. Haz el milagro de bajarlo por el aire hasta mis brazos.

Respondió el frailecito:

–Los milagros no los hago yo, los hace Dios. Sentado como estás, y así, llorando, no vas a lograr nada. Sube al árbol y baja tú mismo al animalito. Anda, puedes hacerlo.

El niño se esforzó y escaló el tronco hasta llegar a la rama donde el gatito estaba. Lo tomó y lo trajo de regreso. Orgulloso lo mostró a San Virila. Le dijo el santo:

—¿Ves los milagros que hace Dios cuando lo ayudas tú?

—◦—

Jean Cusset, ateo con excepción de cuando lee a Dostoiewski, dio un nuevo sorbo a su martini —con dos aceitunas, como siempre— y continuó:

—Algunos hombres de religión se toman a sí mismos demasiado en serio. Parecen pensar que la risa es un pecado y la alegría una impiedad. Olvidan que el Creador hizo a Adán del humus de la tierra, y que de esa palabra derivan otras como humano, humildad y humor.

Siguió diciendo:

—Debemos aligerar la carga de solemnidad y pedantería que nos imponemos. No es cosa insoportable la levedad del ser, sino bien muy deseable. Los ángeles vuelan porque son leves. Cuando uno de ellos, Lucifer, se llenó de soberbia, el sentimiento de su propia importancia le pesó tanto que lo hizo caer. Si olvidamos, como él, que somos humus nos volveremos humo.

Así dijo Jean Cusset. Y dio el último sorbo a su martini, con dos aceitunas, como siempre.

—◦—

El padre Soárez le preguntó al Cristo de su iglesia:

—Señor, ¿cuál es la oración más grande?

Le contestó Jesús:

—La que nos enseñó nuestro Padre: el Padre Nuestro.

–Y de esa oración ¿cuál es la parte que ha de importarnos más?

–Una que es síntesis de todas las oraciones, pues las comprende a todas. La que dice: «Hágase, Señor, Tu voluntad». Porque sucede, Soárez, que rezamos para que se haga nuestra voluntad, no la divina. Sólo sabe orar verdaderamente aquel que con entera sinceridad, y con plena confianza en la sabiduría y la providencia del Señor, se abandona todo a Él y le dice: «Hágase Tu voluntad».

El padre Soárez entendió. En esa frase no sólo está toda la humildad del que se sabe hijo de Dios, también está toda la esperanza del que sabe que Dios es Padre bueno.

———◦▻———

Pedro J. Cuadra, biógrafo de Rubén Darío, narra que cuando el poeta sintió cercana la hora de su muerte pidió un sacerdote para confesarse.

En ese momento, relata el escritor, estaba junto al lecho de Darío «un notable intelectual de León».

–¡Cómo así, Rubén! –exclamó con asombro–. ¡Quieres confesarte!

–Así es –confirmó el poeta–. Quiero confesarme.

–Bien –dijo el amigo–. No necesitas hacerlo con un hombre. Confiésate con Dios, sumo sacerdote del universo. Eso es lo que corresponde a tu rango intelectual.

–No, no –replicó molesto Darío–. Me quiero confesar con un sacerdote ungido, así sea el último cura de la aldea. Soy católico creyente, y como tal quiero morir, reconciliado con Dios ante un sacerdote.

Aquí no se trata de creencias. Se trata de humildad. Sea cual fuere su religión, o aun sin ella, bendito el hombre que al final del camino ha conseguido esa suprema forma de la sabiduría: la humildad.

—◇—

Una declaración hecha por Malbéne a la televisión francesa ha causado revuelo. El controvertido teólogo dijo lo siguiente:

«Los católicos han matado protestantes y los protestantes han matado católicos. Los judíos han matado musulmanes y los musulmanes han matado judíos. Todas esas muertes se han cometido en el nombre de Dios. Nunca he sabido, sin embargo, de un ateo que mate a otro hombre por no ser ateo. Siento, entonces, la tentación de hacerme teólogo ateo. O ateo teísta. Entonces no hablaría en nombre de Dios, que es gran soberbia. Hablaría en mi propio nombre, y procuraría hacerlo con humildad. No sé si de ese modo sería un teólogo mejor. Sí sé que sería un mejor hombre».

Esas palabras en labios de un religioso han escandalizado a muchos. Pero, según parece, Malbéne piensa que su misión estriba en buena parte en conseguir que los hombres salgan de su indiferencia, aunque sea escandalizándolos.

—◇—

HISTORIAS DE LA CREACIÓN DEL MUNDO

El Señor hizo a los lujuriosos.
El barro que le sobró lo puso a un lado.

174

El Señor hizo a los lascivos.

El barro que le sobró lo puso a un lado.

El Señor hizo a los que andan en cosas de concupiscencia.

El barro que le sobró lo puso a un lado.

Luego, con ese barro que le había sobrado, el Señor hizo a los moralistas. Y explicó:

–Es que en el fondo tienen algo de todo lo que condenan.

———◦———

A aquellos discípulos dijo Hu-Ssong a su tiempo:

–Es bueno tener fe. Es bueno creer en Dios. Pero es muy malo ondear la religión como bandera amenazante, y proclamar nuestras creencias igual que pregón de charlatán. Eso hemos de dejarlo a los merolicos de las religiones, que cansan lo mismo a los hombres que a Dios.

–¿Qué debemos hacer entonces, maestro –le preguntaron los discípulos– para dar testimonio de nuestra fe?

–Hagan que se traduzca en obras buenas. La verdadera fe no necesita de palabras para mostrarse al mundo. Es pacífica, mansa y silenciosa. Ya sabemos que la fe sin las obras está muerta. Las muchas palabras, en vez de vivificar la fe, la acaban. Dejen que las obras manifiesten su amor al Dios en el que creen. Al ver esas obras buenas, los demás también creerán.

Los discípulos supieron que Hu-Ssong tenía razón y fueron a predicar sin palabras. Es decir, fueron a hacer el bien.

San Virila salió de su convento muy temprano. Debía ir al pueblo a pedir el pan de los pobres.

En el camino, vio a un perrillo que temblaba de frío. Lo tomó en sus manos, y lo arropó entre los pliegues de su hábito.

Cuando volvió con sus hermanos, Virila les mostró al cachorro.

–Vivirá aquí –les dijo–. Es pobre también, como nosotros.

Pasó el tiempo. Creció el animalito, y fue en la compañía de los frailes igual que un fraile más. Cuando oraban los monjes él parecía rezar también.

Al pasar frente a la imagen de la Virgen se inclinaba como hacían los otros.

Nunca tuvo nombre ese perro. San Virila decía que el nombre es un orgullo mundanal. Pero cuando lo recordaban, decían los buenos frailes:

–¿Te acuerdas de San Perro?

———◦———

Jean Cusset, ateo con excepción de la vez que vio nacer a su hijo, dio un nuevo sorbo a su martini –con dos aceitunas, como siempre– y continuó:

–Los científicos aseguran que el planeta en que vivimos desaparecerá algún día. Estallará, o se precipitará al vacío, o arderá, o se congelará. Todo lo que el hombre ha hecho sobre la faz de la tierra habrá sido en vano: el derecho, la filosofía, la ciencia, la religión…

Dio un nuevo sorbo a su martini y Jean Cusset prosiguió:

–No importarán entonces los *Diálogos* de Platón, ni la *Comedia* de Dante, ni las obras de Shakespeare, ni el *Quijote*, ni la Capilla Sixtina, ni la *Novena sinfonía* de Beethoven, ni el *Campo de trigo con cuervos*, de Van Gogh, ni *La guerra y la paz*, ni la poesía de Rimbaud ni los cuentos de Borges… Todo se convertirá en nada. Y sin embargo, hay que seguir viviendo, y creando belleza y sabiduría y haciendo el bien. La vida del hombre consiste en desafiar a la nada.

Así dijo Jean Cusset. Y dio el último sorbo a su martini, con dos aceitunas, como siempre.

———◦———

El señor y la señora González son católicos.

Están firmemente convencidos de que una pequeña rodaja de pan blanco es el cuerpo de Dios. Cuando comen esa hostia se sienten llenos de luz y salen al mundo a hacer el bien al prójimo, pues en el rito encuentran inspiración para servir a sus hermanos y poner luz de amor en los demás.

¡Qué hermosa y fecunda eucaristía!

Xin-Ten-Piang y su esposa Lin-Deng son practicantes de la religión de Ku, en los altos Himalayas. Están firmemente convencidos de que el espíritu de Dios entra en un vaso de leche agria de oveja si se le añaden unas cuantas gotas de sangre de toro. Cuando juntos beben de ese vaso se sienten llenos de luz y salen al mundo a hacer el bien al prójimo, pues en el rito encuentran inspiración para servir a sus hermanos y poner luz de amor en los demás.

¡Qué hermosa y fecunda es también esa eucaristía! ¡Qué admirable es un rito –cualquier rito– si se convierte en ímpetu de amor para hacer el bien a nuestro prójimo!

—◇—

HISTORIAS DE LA CREACIÓN DEL MUNDO

El Señor hizo al zorrillo.

Inmediatamente, todas las criaturas se alejaron del animalito. Su fétido olor lo hacía detestable.

Por ahí andaba el pobre zorrillo, solo, sin nadie que quisiera brindarle su compañía.

Lloraba mucho el zorrillo, claro, pues todos los animales tenían compañía, menos él.

Se compadeció el Señor, sumió al zorrillo en un profundo sueño y de una de sus costillas le hizo una preciosa zorrillita.

Cuando el zorrillo despertó vio a aquella hermosísima criatura. Triste, comenzó a alejarse: seguramente ella lo rechazaría también. Pero la zorrillita se le acercó, mimosa, y restregándose en él le dijo con voz llena de amor:

–¡Qué bonito hueles! ¿Qué loción usas?

Jean Cusset, ateo con excepción de cuando mira un amanecer, dio un nuevo sorbo a su martini –con dos aceitunas, como siempre– y continuó:

–El problema de las religiones es que establecen una radical separación entre el mundo de lo natural y el mundo de lo sobrenatural. En eso se basan todas las religiones: en la división entre el mundo que vemos y otro que sólo podemos conocer a través de lo que nos dicen los profesionales de cada religión.

–»Sin embargo –siguió diciendo Jean Cusset–, para los niños (que son como santos) y para los santos (que son como niños) no existe esa división. Para ellos, lo prodigioso es muy sencillo y lo sencillo es algo prodigioso. Seremos mejores el día en que aprendamos a ver lo sobrenatural como algo muy natural y lo natural como algo verdaderamente sobrenatural.

Así dijo Jean Cusset. Y dio el último sorbo a su martini, con dos aceitunas, como siempre.

Este era un eslabón.

Este era otro eslabón.

Estos eran dos, tres, cinco, diez eslabones más.

Cada eslabón era un solo eslabón. Por tanto, cada eslabón era un eslabón solo.

Ninguno estaba unido a los demás.

Así, separados, no servían para nada. Además, eran débiles: cualquiera podía romperlos.

Un día, sin embargo, todos los eslabones se juntaron, y entonces formaron una cadena que nadie ya pudo romper.

Se pensaría que la moraleja de este cuentecillo se puede resumir en la conocida frase «La unión hace la fuerza». Pero no. La moraleja es esta: «Yo valgo por mi prójimo».

———◦———

El padre Soárez charlaba con el Cristo de su iglesia.

–Dime –le preguntó–, ¿cómo se llega a ti?

Respondió el Señor:

–Para llegar a Dios es preciso olvidarse un poco de él.

–¿Cómo? –se sorprendió el padre Soárez–. No entiendo.

Le explicó el Cristo:

–Si piensas únicamente en Dios caerás en el peligro de pretender tratar directamente con él, en vez de hacerlo a través de sus creaturas. Cuando quieres ver a un rey de la tierra, no esperas que él mismo te abra la puerta del palacio, sino un criado. Pues bien: mi portero es el más pobre de tus prójimos, el más necesitado. A él lo puse para que te abra la puerta que conduce a mi reino. Aprende, padre Soárez, que los pobres son mis porteros: sólo a través de ellos puedes llegar a mí.

El padre Soárez entendió la lección. Supo que al ver a un pobre –pobre en pan, pobre en salud, pobre en amor– estaba viendo a un portero de Dios.

La mejor película de Chaplin fue una que nunca se filmó.

Su argumento se desarrolla en un cabaret atestado de gente que habla a gritos, ríe y se embriaga. El maestro de ceremonias anuncia la variedad. Se presenta un hombre vestido con una túnica blanca, coronado de espinas y cargando una pesada cruz. En el escenario, unos malvados lo despojan de su túnica y comienzan a golpearlo con sus látigos. La gente sigue riendo y hablando, sin hacer mucho caso de lo que sucede. Sólo un hombre solitario, ebrio de vino y de tristeza, se da cuenta de lo que está pasando. Grita de repente:

–¡Hey! ¡Miren! ¡Otra vez están crucificando a Cristo!

Los demás le silban, se burlan y siguen con sus conversaciones y sus risas. Arriba los sayones ponen a su víctima sobre la cruz y comienzan a clavarle manos y pies. El ebrio se desespera y llora.

–¿No ven lo que está sucediendo? –grita volviendo la vista a todas partes–. ¡Lo están crucificando, y nosotros no hacemos nada!

Intenta subir al escenario, pero los guardias lo detienen y lo expulsan para que no siga molestando. Termina la crucifixión y queda a solas el crucificado en su martirio, mientras la turba a sus pies sigue sin ver nada.

Ése era el argumento de la película de Chaplin. Quería mostrar al mundo cómo cada día se crucifica a Cristo en medio de la indiferencia de todos. La película no fue filmada jamás. Alguien consideró que el asunto era demasiado serio.

Adán se dirigió con timidez a su Creador.

–Señor –le dijo–. Nos diste a los humanos el don de la memoria. Gracias a ella podremos recordar los errores que hemos cometido, y cometer en el futuro otros distintos. La memoria hará que no olvidemos la historia para poder cambiarla a nuestro antojo. Finalmente, con la memoria aprenderemos en la escuela mil cosas que no sirven para nada. Pero, Señor, si creaste la memoria, bueno sería también que hicieras el olvido.

–¿El olvido? –se sorprendió el Señor–. ¿Para qué?

Y respondió Adán:

–Si no creas el olvido, ¿qué vamos a hacer con los propósitos de Año Nuevo?

Sonrió el Señor. Recordó que uno de sus propósitos de Año Nuevo fue crear el olvido, pero lo había olvidado.

Charlaban el Demonio y la Serpiente.

(Digo que charlaban, como si fueran dos, pero en verdad son un solo dios en dos presentaciones distintas).

–No sé ya cómo hacer que los hombres se condenen –decía el Maligno–. Antes les ofrecía dinero por su alma. Ahora ellos desprecian el ofrecimiento, pues tienen tarjetas de crédito. Ayer eran capaces de perderse con tal de que les consiguiera una mujer. Ahora parece que las mujeres son más fáciles de conseguir. En el pasado, estaban dispuestos los humanos a condenarse si yo les daba la eterna juventud. Ahora tienen una cosa que se llama Viagra. No sé qué ofrecerles ya, a cambio de su alma.

Le sugirió la Serpiente:

—¿Por qué no les ofreces que ganará su equipo de futbol?

—◇—

Jean Cusset, ateo con excepción de las veces que lee a San Juan de la Cruz, dio un nuevo sorbo a su martini —con dos aceitunas, como siempre— y continuó:

—Los profesionales de la religión han inventado muchos pecados. Nada más el *Thesaurus Confessarii*, del padre Busquet, enumera tantos que ese libro parece la guía telefónica de Nueva York. Yo, sin embargo, creo que todos los pecados se reducen a uno solo: la soberbia. Los demás son variaciones sobre el mismo tema. Soy envidioso y avaro, porque mi soberbia me impide aceptar que haya quien tenga más que yo. Soy perezoso, porque en mi soberbia no creo que deba trabajar igual que los demás. Caigo en la gula, porque estoy convencido de que mi cuerpo, por mío, merece lo más y lo mejor. La ira me posee cuando pienso que alguien quiere estar por encima de mí. Y hasta la lujuria, que puede ser gratísimo pecado, es sombra de soberbia: busco a la mujer por la soberbia de la posesión, o por predominar sobre su dueño si es ajena, o por alardear luego de que vencí su resistencia o su pudor.

Dio un nuevo sorbo a su martini Jean Cusset y continuó:

–La soberbia es el más grande pecado. Y la mayor virtud es la humildad.

»Ella nos lleva al Cielo. Algunos predicadores gustan de imponer a sus fieles el temor de Dios. Yo digo que deben inspirarles la confianza en su infinito amor.

»La más bella lección que he conocido de humildad es esta súplica confiada que vi escrita en la barca de un viejo pescador: «¡Señor, tu mar es tan grande, y mi barca tan pequeña!».

Así dijo Jean Cusset. Y dio el último sorbo a su martini, con dos aceitunas, como siempre.

—◇—

Malbéne acaba de publicar un artículo en la revista *Kultur und Ethik*, de Berlín. Ahí dice lo siguiente:

«El más hondo misterio del cristianismo, y su más grande aportación, consiste en la idea de que Dios se hizo hombre. Así, no podemos llegar a Dios sólo con la abstracta idea de Dios, únicamente lo alcanzaremos a través de aquellos por cuya salvación vino a la tierra. Cada uno de nosotros, por lo tanto, es nadie sin "el otro". Sin él de nada sirve nuestra fe. Ni aun Dios mismo puede salvarnos si en la obra de nuestra salvación no contemplamos el rostro de nuestro prójimo…».

Esta idea de la salvación a través de «el otro» ha escandalizado a muchos teólogos. Pero eso no perturba a Malbéne. Dice: «Escandalizar es casi una obligación profesional del teólogo».

Celebremos los amores que no celebra nadie.

El del hombre que calladamente ama a un hombre.

El de la mujer que en silencio ama a una mujer.

El de la prostituta que finge amor –«¡Cómo me gustas, papacito!»– para poder ser la divina providencia de sus hijos, y darles la casa, el vestido y el sustento.

El de la hija que cuida de su padre anciano, unas veces desconectado de la realidad, furioso otras, ingrato siempre, y le cambia los pañales, lo baña y le da de comer en la boca, porque «el viejito ya no quiere comer, pobrecito».

El de los esposos que dedican su vida al hijo enfermo del cuerpo o de la mente, y son para él lo que para nosotros es Dios.

El de la campesina pobre, cuyo marido está «al otro lado», y tiene ya tres años sin verlo ni saber de él, pero aun así lo espera y se niega a los hombres que la buscan a la mala.

Celebremos los amores que no celebra nadie.

Son los amores del Amor.

HISTORIAS DE LA CREACIÓN DEL MUNDO

Hizo el Señor a los grandes animales de la tierra: el dinosaurio, el brontosaurio, el tiranosaurio.

Hizo después a los seres pequeños de este mundo: la pulga, la hormiga y el mosquito.

Pasaron cientos de años, miles de años, cientos de miles de años.

Y he aquí que desaparecieron de la faz de la tierra el dinosaurio, el brontosaurio y el tiranosaurio.

Y he aquí que existen todavía la pulga, la hormiga y el mosquito.

Preguntaba Adán al Señor por qué era eso.

Y respondía el Señor:

—Para que aprendas la pequeñez que hay en los grandes, y la grandeza que hay en los pequeños.

—◦—

Simeón el Estilita hizo levantar una alta columna en la plaza de la ciudad y luego subió a ella. Quería apartarse del mundo para buscar la santidad.

Allá vivía Simeón, allá en lo alto. Rezaba hora tras hora; los golpes que en el pecho se daba con el puño sonaban como un tambor en el silencio de la noche.

Cierta mañana Simeón vio desde arriba a un hombre que sufría. Se compadeció de él y lo invitó a subir a su columna para que así se librara de la maldad del mundo. Después supo de un niño que había quedado huérfano y lo hizo subir también. Luego salvó a una mujer a la que el pueblo iba a apedrear por pecadora. Subió también a la columna a esa mujer.

Muy pronto el tablero de la columna se llenó de gente y hubo que agrandarlo. Simeón estaba contento, porque con él, en su columna, moraban los perseguidos, los desafortunados, los pecadores, los infelices todos de la tierra.

Un día no cupo ya más gente en la columna. Y ese día Simeón oyó dentro de sí una voz. La voz le dijo que la salvación no se gana alejándose del mundo, sino acercándose a él.

Simeón bajó de la columna con los suyos. Se hizo un hombre entre los hombres. Salvó a muchos. Y así se salvó él.

◄○►

Jean Cusset, ateo con excepción de las veces que debe dar gracias a alguien por la felicidad que siente, dio un nuevo sorbo a su martini –con dos aceitunas, como siempre– y continuó:

–Los hombres han inventado muchos modos de embriagarse. Lo han hecho con vinos y con dioses. La ebriedad de vino es peligrosa, pero más peligrosa aún es la borrachera de Dios. El hombre a quien posee esa terrible beodez se vuelve ciego, se convierte en fiera y se lanza en contra de los que no se embriagan con su mismo dios.

–»La fe religiosa es don muy grande, igual que es grande el don del vino. También de la fe podría decirse lo que del vino decían los antiguos: que alegra el corazón del hombre. Pero también a la religiosidad habría que ponerle una etiqueta igual a la que se pone en los vinos y licores: «Cuidado. El exceso en el uso de este producto puede ser riesgoso para la salud».

Así dijo Jean Cusset, y dio el último sorbo a su martini, con dos aceitunas, como siempre.

Ya hacía tiempo que San Virila no veía bien. Las cosas se le borraban en los ojos como si fueran de agua y alguien los agitara. Rezó pidiéndole al Señor que lo curara, pero quizá el Señor quería que viera más hacia dentro que hacia afuera; el caso es que no lo curó.

Fue entonces cuando llegó un mercader y le ofreció unos anteojos. San Virila no pudo resistir la tentación. Se los puso, y otra vez vio claro el mundo, como cuando era niño (como cuando era niño San Virila y como cuando era niño el mundo).

Pero esa noche le aconteció algo terrible. Al leer su Biblia lo único que en ella pudo ver fueron tesis heréticas. Trató de quitarse los lentes, pero no pudo. Entonces, invocó a Dios con todo su corazón. Sus ruegos fueron oídos, pero por mitad. A partir de ese día, nada más con un ojo pudo leer la Biblia; con el otro veía tesis heréticas.

Ahora San Virila está contento. Dice que es bueno poder ver también el punto de vista de los demás. Después de todo para ellos nosotros somos los demás.

———◦———

Creo en Dios, pero mi fe vacila tratándose del diablo.

Sé bien que, por elemental criterio de equidad, debería también creer en él. Los hombres de religión afirman su existencia, y en el temor al diablo fincan buena parte de su éxito. Pero a mí me resulta creer en dos espíritus, uno bueno y otro malo, que luchan en igualdad de circunstancias para ganarse al hombre y arrebatarlo a su rival. Yo creo en un Dios amoroso, cuya gracia lo llena todo. Si hay mal en el mundo eso no es cosa del demonio: se debe a que nosotros renunciamos a la gracia y al amor de Dios.

Aun sin creer en el maligno, rezo a veces la oración de San Ignacio, esa que dice: «del enemigo malo defiéndeme…» Sólo que para mí el enemigo malo no es el diablo: soy yo mismo. Le pido al señor que me defienda de mi egoísmo, de mi soberbia, de mi envidia, de mis vanidades, de mi indiferencia por los demás, de mi rencor.

Yo mismo soy a veces mi mayor enemigo. Yo soy el enemigo malo.

——— ◄◦► ———

HISTORIAS DE LA CREACIÓN DEL MUNDO

Desde lo alto, el Creador oía la voz de sus criaturas.

Oyó que el elefante le decía a la elefanta:

–Ven, pequeña.

Oyó que la amiba le decía al microbio:

–¡Caray, qué grande eres!

Oyó que el rano le decía a la rana:

–¡No hay nadie tan hermosa como tú!

Y oyó que el hombre y la mujer se decían:

–¡Te quiero!

Todo eso oyó el Creador, y luego dijo:

–Han encontrado el amor que puse en ellos. Por ese amor continuará la vida. Ya puedo descansar.

Le dijo Jesús a Judas Iscariote, el discípulo que más amaba:

—He aquí que debo morir para que tenga cumplimiento la Palabra. Uno de los míos me ha de traicionar, de modo que las antiguas profecías tengan consumación. Te pido, Judas, que seas tú quien me traicione. Sé que nadie me ama como tú, por eso te pido que sacrifiques tu honor y te entregues al odio y vituperio de los hombres por todos los siglos de los siglos. Los demás apóstoles serán considerados mis fieles discípulos y amigos. Tu nombre, en cambio, será usado para nombrar a los traidores. Pero ninguno me es tan leal como tú, y nadie por tanto aceptará tan gran sacrificio por mi causa. ¿Harás como te digo?

Llorando, Judas le pidió al Maestro que no pusiera carga tan grande sobre él, que le evitase beber un cáliz tan amargo. Pero Jesús le dijo que él también tenía un cáliz qué beber, y que para eso era necesaria la traición.

Fue por eso que Judas hizo lo que hizo.

Y fue también por eso que quienes apresaron a Jesús se sorprendieron al ver que Judas lo entregaba con un beso.

———◇———

Jean Cusset, ateo con excepción de la primera vez que oyó *María Santísima*, de Melesio Morales, músico mexicano, dio un nuevo sorbo a su martini —con dos aceitunas, como siempre— y continuó:

–Paul Klee, aquel gran pintor, decía que creaba para no llorar. Para no llorar, creo yo también. Pero en mi caso, «creo» no es del verbo crear, sino del verbo creer, que es más difícil.

–»La fe es pañuelo que enjuga muchas lágrimas –siguió diciendo Jean Cusset–. En cierta forma, el artista que crea también cree, pues el arte es vocación de infinito. Y el hombre que cree también crea, porque la fe es un arte de misterios, de todos los misterios, del Misterio.

En ese momento pasó una hermosa mujer. Dijo Jean Cusset:

–Ahora vengo: voy a crear. Ahora vengo: voy a creer.

Y dio el último sorbo a su martini, con dos aceitunas, como siempre.

———◦———

El padre Sóarez charlaba con el Cristo de su iglesia.

–Sabes –le dijo pensativo–, según tengo más años, siento que me hago más bueno, más amoroso, más comprensivo y tolerante, menos severo y riguroso, más dado a la indulgencia y al perdón…

En los labios de Dios apareció una suave sonrisa.

–Soárez –contestó–, ¿cómo crees que me sentiré yo, que tengo todos los años del mundo?

———◦———

«Diosvidamor».

O «amordiosvida».

O «vidamordios».

Yo digo que debería existir cualquiera de esas tres palabras, o las tres.

Porque Dios, amor y vida son la misma cosa.

«Dios es amor», dice la Palabra. En esa frase se resumen todas las teologías; en ella caben todos los sermones y las disquisiciones sobre Dios.

Pero Dios es también vida. De él sale toda la vida; todas las vidas salen de Él, y van a Él. Quien no ama, quien se aparta de la eterna corriente de la vida, no está en Dios; se aleja de Él y de sus amorosas leyes, que quieren que la vida se perpetúe por medio del amor.

Hagamos de nuestra vida una vida de amor, y hagamos que nuestro amor sea fuente de vida. Así iremos al Dios de quien venimos.

HISTORIAS DE LA CREACIÓN DEL MUNDO

Pasaron los filósofos.

Y dijo Dios:

–Éstos me intuyen.

Pasaron los teólogos.

Y dijo Dios:

–Éstos me inventan.

Pasaron los científicos.

Y dijo Dios:

–Éstos me adivinan.

Pasaron los poetas.

Y dijo Dios:

–Éstos me ven.

—◁◦▷—

Jean Cusset, ateo con excepción de las veces que escucha canto gregoriano, dio un nuevo sorbo a su martini –con dos aceitunas, como siempre– y continuó:

–El mayor milagro que hay es uno que no sabemos apreciar, que ni siquiera advertimos: el milagro de haber nacido, de estar en este mundo y haberlo conocido. Sea cual fuere nuestra vida, sea cual fuere nuestra muerte, vivir ese milagro es un gran don que hemos de agradecer. Debemos apreciar la belleza de estar vivos, y vivir plenamente nuestra vida hasta el final, esté lejos o cerca ese final.

Así dijo Jean Cusset. Y dio el último sorbo a su martini, con dos aceitunas, como siempre.

—◁◦▷—

Otra vez Malbéne, el discutido teólogo de Bélgica, pone notas de escándalo en la comunidad teológica de su país.

En el artículo mensual que entrega a *Iter*, la revista de la Universidad de Lieja, escribió estas palabras:

«Ni los exégetas dueños de la Biblia ni los simples observadores laicos han parado mientes en el hecho de que el primer asesinato de la Historia fue cometido por causas religiosas. En efecto, Caín mató a su hermano porque los sacrificios de Abel eran gratos a la divinidad, mientras que

193

los suyos eran rechazados. Algo distinto habría sucedido si en vez de alzarse contra Abel para matarlo, Caín le hubiera dicho: "Hermano, la religión nos separa antes que unirnos. ¿Qué te parece si en lugar de hacer sacrificios hacemos algo que nos mantenga en paz, unidos y trabajando fraternalmente en el amor y el bien?" Si tal hubiera pasado, habría menos sacrificios, pero más misericordia, y tendríamos una mejor humanidad.»

Soy asiduo lector de Malbéne. No siempre estoy de acuerdo con sus ideas, pero siempre me mueve a revisar las mías.

———◇———

Los puritanos vinieron a América en busca de un lugar donde poder practicar libremente su religión. Una vez que lo encontraron, prohibieron a los demás que practicaran libremente la suya.

Los puritanos estaban enfermos de Dios. Hasta Dios es peligroso si se le toma en dosis excesivas. Para los puritanos, una sonrisa era pecado. El gozo más inocente lo consideraban puerta abierta a la condenación. Tan buenos querían ser que se volvieron malos.

Los puritanos no celebraban la Navidad. Decían que la palabra «Christmas» era una blasfemia, pues en ella se usaba el nombre de Cristo para designar una fiesta mundanal.

Los puritanos… Estólidos en la fe, soberbios en la virtud, crueles en la religiosidad…

Yo le pido a Dios que me haga bueno, pero dentro de los límites de la decencia.

San Pedro le dijo con tristeza a Dios:

–Señor, cada día menos gente cree en ti.

–Es cierto –reconoció Él–. Y es que algunos que deberían proclamar mi palabra proclaman más bien la suya. Otros hacen en mi nombre cosas innombrables. Aquellos que deberían acercar los hombres a mí, muchas veces los alejan de mí.

–Tienes razón, Señor –admitió Pedro–. Pero pienso que podríamos hacer algo para que la gente crea en ti.

–¿Qué sugieres? –le preguntó Dios.

Aconsejó el apóstol:

–¿Por qué no sales en la televisión?

El paso de los astros por el Universo produce un ruido fragoroso que no se escucha en la tierra, pero en los cielos sí. Pitágoras presintió ese sonido y lo llamó «la música de las esferas».

No es música, en verdad, es como el tronar de mil enormes piedras chocando al mismo tiempo unas con otras. Ese gran vocerío llena el cosmos. Es el ruido que hacen el Sol, y los planetas y las magnas estrellas al ir por el camino sideral. Hasta en la mansión donde los ángeles habitan, se alcanza a oír el sonar de los astros como un sordo rumor.

De repente, cesa el tremendo ruido y se hace un silencio universal. Es que alguien está orando. Para oír su oración

Dios hace callar a las galaxias. Y entonces, por sobre el ruido que hacen las estrellas, se escucha la vacilante voz de la criatura humana. Y nunca deja de escucharla Dios.

———◇———

Jean Cusset, ateo con excepción de cuando la noche viene ya, dio un nuevo sorbo a su martini –con dos aceitunas, como siempre– y continuó:

–Entonces tenía yo 17 años; 14 ella. Le pregunté si había leído *La náusea*, de Sartre, *Gog*, de Papini y *El lobo estepario*, de Hermann Hesse. Se ruborizó y me dijo que no. Luego, para mostrarme que, sin embargo, ella también leía libros, me preguntó muy seria si había leído *Pureza y hermosura*, de Monseñor Tihamér Tóth.

–»Ríanse mis amigos intelectuales –siguió diciendo Jean Cusset–. Y ríanse más cuando sepan que al despedirme de la niña, fui corriendo a comprar *Pureza y hermosura*, de Monseñor Tihamér Tóth. Quería tener algo de qué platicar con ella, pues la amaba. Todos somos humanos. Y en ese tiempo yo era más humano aún, pues no tenía la edad que tengo ahora.

Así dijo Jean Cusset. Y dio el último sorbo a su martini, con dos aceitunas, como siempre.

———◇———

El incrédulo le pidió a San Virila que hiciera un milagro para poder creer.

–¿Qué clase de milagro quieres? –le preguntó el santo.

–Cualquiera –respondió con desafiante voz el hombre–. Basta con que sea un milagro.

San Virila hizo un ademán, y el escéptico quedó convertido en mosca. Rio la gente, y San Virila se sonrió también al ver a la mosca que revolaba con angustia en torno suyo. Entonces, hizo otro ademán, y el hombre volvió a su ser humano.

–Una cosa has aprendido –le dijo San Virila–. Antes de pedir un milagro, debemos pensar muy bien el milagro que vamos a pedir.

El hombre cambió. No se volvió creyente, pero sí se hizo un poco menos tonto. Y eso, tratándose de cualquier hombre, es un gran milagro.

———◆———

Me habría gustado conocer a Bill D. Moyers, predicador bautista.

Lyndon B. Johnson, a la sazón Presidente de los Estados Unidos, lo invitó a decir la oración inaugural en una reunión del Gabinete. El reverendo se hallaba en el extremo opuesto al que ocupaba Johnson en la mesa, y además el texano era un poco duro de oído. De modo que, el mandatario interrumpió al que oraba.

–Bill –le dijo en alta voz–. No puedo oírte.

–Señor Presidente –respondió con suavidad el pastor Moyers–. No estoy hablando con usted.

Me habría gustado conocer a Bill D. Moyers. Sabía que no todas las palabras son para los hombres.

–Señor –preguntó Adán a su Creador–, ¿por qué los ateos no creen en Ti?

–No me lo explico –le contestó el Señor–. Después de todo yo sí creo en ellos. Y sin embargo, he conocido a muchos ateos buenos. Hasta he llegado a pensar que para ser bueno no es necesario por fuerza creer en Dios; se necesita, sí, creer en el hombre. Muchos ateos hay que hacen cosas buenas, y muchos creyentes que hacen cosas muy malas en Mi nombre.

–¿Quieres decir entonces, Señor –se inquietó Adán–, que es lo mismo creer que no creer?

–Desde luego que no –respondió Adán–. El que cree es como el que ama: jamás está solo. Pero respeto tanto la libertad de los hombres, que los dejo que crean o no en Mí, según su voluntad. Por eso no me molestan los ateos. Y te diré en confianza, a veces los creyentes me molestan un poquitito más.

Al oír eso Adán se propuso creer más en Dios y tratar de importunarlo menos.

San Francisco de Asís, segundo Cristo, es el mejor hombre de todos los que han vivido sobre la tierra.

Medieval y moderno, fue símbolo ayer de quienes buscaban otro mundo, es símbolo hoy de los que quieren salvar éste. Desde su riquísima pobreza, desde su majestuosa pequeñez, el pobrecito de Asís nos sigue hablando; su voz tiene a un tiempo la fresca transparencia de la hermana agua y el fuego intenso del hermano sol.

Amo a Francisco de Asís porque es el más santo de todos los poetas, pero lo amo más porque es el más poeta de todos los santos. Él vive en mi Porciúncula. En la pequeña capilla del Potrero de Ábrego, hice poner su imagen: lleva un libro en la mano y una llaga en el lado del corazón. Sobre mi mesa de trabajo tengo su *Preghiera semplice*; la leo siempre al comenzar la labor de cada día: «Señor, hazme instrumento de tu paz. Donde haya odio siembre yo amor...»

Bienaventurado el que aprenda del Poverello a sonreír con los estigmas. Bienaventurado el que sea, como él, juglar de Dios.

—◦—

Jean Cusset, ateo siempre con excepción de la vez que pensó que iba a morir, dio un nuevo sorbo a su martini –con dos aceitunas, como siempre– y continuó:

–Es difícil creer en Dios, pero es más difícil no creer en él. La fe tiene más respuestas que el escepticismo. Quizá esas respuestas no sean verdaderas, pero aun si son falsas, son mejores que el silencio. El creyente tiene siempre un asidero; el incrédulo sólo tiene la nada.

Dio un nuevo sorbo a su martini y prosiguió:

–Yo dudo porque soy hombre de fe. No puedo decir con certidumbre: «Dios existe», pero, por lo mismo, tampoco puedo decir con certeza: «Dios no existe». En todo caso, la posibilidad del ser ofrece más esperanza que la posibilidad del no ser. Apostemos, como Pascal, por Dios. Si perdemos no habremos perdido nada aparte de la nada. Si ganamos lo ganaremos todo.

Así dijo Jean Cusset. Y dio el último sorbo a su martini, con dos aceitunas, como siempre.

———◇———

El Cristo que en su iglesia tiene el padre Soárez acostumbra, de vez en cuando, contarle un cuento. Después de todo Él es un padre, y los padres siempre les cuentan cuentos a sus hijos.

–Has de saber –le narró un día–, que hubo un espejo que se volvió como los hombres. Quiero decir que se hizo egoísta. Pensó que la luz que reflejaba le pertenecía, y no la reflejó ya más. Antes aquel espejo difundía la luz era un espejo bueno. Los niños jugaban con su resplandor y las muchachas contemplaban su belleza en él. Pero cuando el espejo se hizo malo ya nada reflejó, y fue tan sólo superficie muerta.

–»Así pasa –concluyó el Cristo–, con aquellos que no reflejan en los humanos el amor de Dios. De nada sirve creer en Dios si esa fe no se difunde en los demás convertida en amor y en bien. El que dice amar a Dios y no lo refleja en sus hermanos es como un espejo sin luz. También él está muerto.

En el *Libro de los muertos*, joya de la literatura egipcia, hay un conmovedor fragmento. El alma se presenta ante Osiris. El dios, resplandeciente, está sentado en su trono, que rodean 42 jueces. A su lado Annubis sostiene una balanza en cuyos platillos se han puesto las buenas acciones del difunto, y las faltas que cometió en su vida.

El fiel de la balanza está en el centro: pesan lo mismo las buenas obras de aquel hombre que sus culpas. La mitad de los jueces –los justos– lo condenan. Los otros –los misericordiosos– le ruegan a Osiris que lo salve.

El dios vacila. Tembloroso, el difunto invoca en su defensa un último argumento:

–¡No hice sufrir a nadie! –clama–. ¡A nadie hice llorar!

Osiris le dice:

–Entonces fuiste bueno.

Abre los brazos, y lo estrecha junto a su corazón.

HISTORIAS DE LA CREACIÓN DEL MUNDO

Cuando el Creador terminó de dar forma a la mujer, el Espíritu le dijo:

–Veo que hiciste al sexo débil.

–Sí –respondió el Señor–, y ahora acabo de hacer a la mujer.

Jean Cusset, ateo con excepción de cuando estudió Entomología, dio un nuevo sorbo a su martini –con dos aceitunas, como siempre– y continuó:

–Extrañas formas de adorar a sus dioses tienen los humanos. Nos causa risa saber que para congraciarse con su dios los calmucos bañan su imagen con leche agria, pero quizá ellos reirían también al ver que nosotros rendimos homenaje al nuestro echándole humo.

–»Yo conozco –siguió diciendo Jean Cusset– un modo de adoración que seguramente ha de agradar a todos a los dioses, aun a los que no existen. Ese modo consiste en venerar a Dios en sus obras; en hacer el bien a los hombres y a todos los seres y cosas de la naturaleza, que es donde Dios se muestra más visible. Ninguna magia puede ser mejor que la magia del amor, del bien, de la bondad. Si la ejercemos en cada acto de nuestra vida, ningún dios, sea cual fuere, podrá decir que lo adoramos mal.

Así dijo Jean Cusset. Y dio el último sorbo a su martini, con dos aceitunas, como siempre.

———

Los críticos de Malbéne dicen que está rozando ya los límites de la herejía. En su último artículo para la revista *Iter*, ese controvertido teólogo escribió lo siguiente:

«La Iglesia exige que el pecador se arrepienta con prontitud de sus pecados, pero ella es lenta en el arrepentimiento.

Sus contriciones tardan siglos. Varias centurias le tomó reconocer su error al juzgar a Galileo, y la injusticia que cometió al llamar "pérfidos" a los judíos y culparlos de la muerte de Jesús. Me pregunto cuánto tiempo habrá de transcurrir antes de que la Iglesia pida perdón a sus sacerdotes por haberlos apartado de la mujer, y pida perdón a las mujeres por haberlas apartado del sacerdocio».

Carezco de elementos para determinar si por estas opiniones, cae Malbéne en la categoría de hereje, pero sí puedo adelantar que sus palabras provocarán polémica. Ojalá ese debate sea presidido por la caridad.

—◇—

Cada mañana, la vida abre el telón y el mundo sale a escena.

En ella, están el drama y la comedia, la tragedia y la farsa, el risible sainete y el lacrimoso culebrón. Escribe bien la vida a veces, y otras escribe mal. Debemos leer todo lo que escribe, porque también escribe acerca de nosotros.

Ahora voy por el escenario. Es una calle, y voy por ella. Delante de mí, camina lentamente un anciano apoyado en su bastón. Mira en el suelo una cáscara de plátano que algún imbécil tiró ahí. Se detiene y la aparta con su bastón hasta dejarla en la cuneta, donde no hay riesgo de que la pise alguien.

Esto que he visto es una cosa nimia. No alcanza a ser drama ni comedia, tragedia o farsa. Si digo que ese anciano mejoró el mundo al hacer lo que hizo quizá haré un sainete o un culebrón. Lo cierto es que hizo una obra de bien, cuando tantos hacen obras de mal. Lo mirará algún día el que nos mira y le dirá: «¡Ah, sí! Tú fuiste aquél quien apartó una cáscara de plátano para que no cayera Yo».

———◄○►———

HISTORIAS DE LA CREACIÓN DEL MUNDO

El Dios del Antiguo Testamento es riguroso y cruel. No perdona las culpas de los hombres. Con sañuda venganza envía terribles castigos sobre ellos: inunda el mundo, incendia ciudades, manda terribles plagas destructoras.

En cambio el Dios del Nuevo Testamento es un Dios de perdón. Todo en él es dulzor y mansedumbre; todo en él es amor.

Yo creo saber la causa de esa diferencia.

El Dios del Antiguo testamento no conoció una madre; el del Nuevo sí.

———◄○►———

Algo le faltaba al nacimiento que cada año ponemos en mi casa en los días de Navidad. Le faltaba algo, pero yo no sabía qué. Estaba, claro, el Misterio, la otra santísima trinidad de Jesús, María y José. Estaban el buey y la mulita, cuya humildad sirve para acentuar la grandeza del prodigio. Estaban el ángel y el gallo, nuncios canoros del cielo y de la tierra, y bajo ellos los pastores con su redil de ovejas. Y estaban también el ermitaño y el diablo, muy cerca uno del otro como muy cerca están del hombre el bien y el mal. Pero algo le faltaba al nacimiento, y yo no sabía qué.

Ayer lo supe. Encontré la figura de un pastor que toca la gaita. Eso le faltaba a mi nacimiento: la música. En ningún acontecimiento importante, ni humano ni divino, puede faltar la música. Ahora el pastor toca su gaita para el Niño. Está completo mi nacimiento ya.

(Alguien le preguntó a San Agustín cómo serán las almas en el cielo. Y respondió: «*Erunt sicut musica*». Serán como música…)

———◦———

Jean Cusset, ateo con excepción de cuando piensa en la muerte, dio un nuevo sorbo a su martini –con dos aceitunas, como siempre– y continuó:

–En su olvidado catecismo, el buen padre Ripalda enumeró las obras de misericordia: siete que atañen al cuerpo y otras tantas que conciernen al espíritu. Entre éstas, mencionó la que consiste en sufrir con paciencia las flaquezas de nuestro prójimo.

Siguió diciendo Jean Cusset:

–Al útil recetario de aquel pragmático buscador del Cielo, añado este pensamiento: si somos benevolentes con las culpas de nuestro prójimo, ¿por qué no ser también benévolos con nuestras propias culpas? Si se nos pide perdonar a los demás también se nos debería pedir perdonarnos a nosotros mismos. No debemos llevar con nosotros una carga de remordimientos. Eso pondrá pesadumbre en nuestra vida; la hará difícil de vivir. Perdonémonos nuestros erro-res. El buen perdonador por su casa empieza.

Así dijo Jean Cusset. Y dio el último sorbo a su martini, con dos aceitunas, como siempre.

◄◦►

En la aldea los hombres pidieron a San Virila que hiciera algún milagro. No reparaban, los pobrecillos, en que cada uno de ellos era un milagro.

San Virila hizo que le trajeran una vela. Dijo en voz baja ante ella una oración y la vela se encendió. Los hombres quedaron admirados, y algunos de ellos declararon que ahora sí creerán en Dios. No reparaban, los pobrecillos, en que Dios enciende el sol todos los días.

Ya se alejaba San Virila cuando una súbita ráfaga de viento apagó la vela. Llamaron los hombres a San Virila y le mostraron la vela que se había apagado. Y dijo el santo:

–Encender una vela no es ningún milagro. El verdadero milagro es mantenerla encendida.

◄◦►

Un hombre murió y llegó al Cielo. San Pedro, portero ce-lestial, lo interrogó antes de permitirle entrar en la man-sión eterna.

–¿Amaste a una mujer?

–No –respondió el hombre–. Jamás amé a ninguna.

–¿Quisiste a un amigo?

–No. A nadie le di mi afecto.

–¿Te inspiró ternura un niño?

–Nunca.

–¿No amaste a algún animal? ¿No viste con amor las cosas de la Naturaleza?

–Tampoco.

San Pedro miró severamente al hombre y le dijo:

–¿Y entonces por qué no habías llegado? Hace mucho tiempo que estás muerto.

HISTORIAS DE LA CREACIÓN DEL MUNDO

Al principio no todas las aves cantaban.

No cantaba el grajo, ni cantaba el cuervo ni cantaba la urraca...

El único que cantaba era el ruiseñor.

Su canto era tan bello que el Creador no quiso que nadie más cantara aparte de él.

Un día, sin embargo, el ruiseñor dejó de cantar, y un gran silencio llenó al mundo.

–¿Por qué dejaste de cantar? –le preguntó Dios al ruiseñor.

Contestó él:

–Señor, ¡es tan triste cantar solo!

Entendió el Creador, e hizo, entonces, que todos los demás pájaros cantaran. Es cierto: el grajo, la urraca y el cuervo cantan muy mal. Pero si no cantaran ellos tampoco cantaría el ruiseñor.

¿Quién fue el anónimo filósofo, teólogo eminente, conocedor profundo de la naturaleza humana –y la divina– y además artesano de gran mérito que hizo esa figurilla que está en mi Nacimiento?

La figura representa al ermitaño en su cueva. Arriba, de pie sobre una roca, el ángel canta su «Gloria a Dios en las alturas…» Abajo una pastora de abundoso seno lava su ropa en un pequeño arroyo de papel plateado. El ermitaño tiene un ojo puesto en el ángel y el otro en las mórbidas redondeces de la lavandera.

De barro estamos hechos los humanos, igual que el ermitaño. Vivimos con un ojo puesto en el sinuoso gato de las terrenas tentaciones y el otro en el complicado garabato de lo eterno. Por eso quiero mucho a mi ermitaño, y lo pongo en lugar destacado del mínimo paisaje navideño. De ese modo pongo en mi Nacimiento un poco de autobiografía.

—◦—

Jean Cusset, ateo siempre con excepción de la vez que conoció a un verdadero ateo, dio otro sorbo a su martini –con dos aceitunas, como siempre– y continuó:

–Se ha dicho que la fe sin obras está muerta. Pero el amor sin obras está muerto también. «Obras son amores», dice el pueblo. Y dice la verdad.

–»Es muy fácil amar a la Humanidad, así, en abstracto –siguió diciendo Jean Cusset–. Lo difícil es amar a los hombres en concreto: a este hombre, a aquél. A veces huelen mal, y son ingratos siempre. Sin embargo, debemos tratarlos con amor, sean como sean. De otra manera, el amor sería solamente una palabra.

—»El bien —concluyó—, es el amor que se ha levantado las mangas y se ha puesto a trabajar.

Así dijo Jean Cusset. Y dio el último sorbo a su martini, con dos aceitunas, como siempre.

—◦—

El padre Soárez respondía con mansedumbre al incrédulo que al discutir parecía fogón de leña, porque en sus argumentos ponía demasiado calor y muy poca luz.

—Demuéstreme, usted, científicamente la existencia de Dios —pedía el ateo.

—Cómo no —respondía el padre Soárez—. A condición de que tú me demuestres teológicamente la existencia del átomo.

No le preocupaba al padre Soárez la falta de fe del hombre aquel. Se daba cuenta de que tenía poca ciencia. Cuando tuviera mucha, se convencería de que existe Dios. De eso están seguros los que saben mucho y aquellos que por ser buenos y humildes no tienen necesidad de saber nada.

—Es muy difícil probar la existencia de Dios —seguía diciendo aquel escéptico.

—En efecto —reconocía el padre Soárez. Es tremendamente difícil demostrar que Dios existe. Pero hay algo más difícil aún.

–¿Qué?

–Demostrar que no existe.

—◇—

Una vez se perdió la fe.

La esperanza y el amor salieron a buscarla, y la encontraron y la trajeron de regreso.

Una vez, se perdió la esperanza.

La fe y el amor salieron a buscarla, la encontraron y la trajeron de regreso.

Una vez se perdió el amor.

La fe y la esperanza salieron a buscarlo, pero no lo pudieron encontrar. Ellas también, entonces, se perdieron.

Cuando el amor se pierde, todo está perdido.

—◇—

HISTORIAS DE LA CREACIÓN DEL MUNDO

Se durmió Dios y comenzó a soñar.

Soñó que estaba creando el mundo. Hizo el día con su sol, la noche con sus estrellas y su luna. Hizo el agua y la tierra, y de ellas sacó todos los seres vivos que repletan el mundo. Hizo las piedras: también ellas están vivas, aunque no nos demos cuenta. Hizo las hierbas del campo, los árboles, los peces, los animales, y, por último, hizo al hombre.

Soñaba Dios el mundo y sus criaturas.

Sigue soñando eso.

No hagamos ruido, pues podría despertarse, y no sabemos entonces qué sucederá.

———◁◦▷———

Este buñuelo es una obra de arte. Círculo de delicias, su frágil corteza parece un encaje hecho de trigo y espolvoreado con azúcar y canela. Yo lo miro en el plato y no me animo a destruir su belleza. Llamaría a Velázquez, si pudiera, para pedirle que lo eternizara pintándolo como pintó ese guiso de huevos que cierta vez miró en una cocina de Madrid.

Es una obra de arte este buñuelo. Salido de las manos de una mujer tiene la magia que en la mujer reside. Quien lo hizo logró la perfección: en el mundo de la buñolería este buñuelo es una partita de Bach o una sinfonía de Mozart.

Este buñuelo es una eucaristía. Doy gracias a Dios por el manjar que es casi aire y casi pan; gracias le doy por la dulzura de su azúcar y por el suave picor de su canela. Comulgo con esta hostia femenina que tiene nombre masculino, y su levedad me hace más leve el alma. Hay veces que la felicidad es un buñuelo

———◁◦▷———

Jean Cusset, ateo con excepción de cuando escuchó por primera vez a Mahalia Jackson, dio un nuevo sorbo a su martini –con dos aceitunas, como siempre– y continuó:

–El Dios del Antiguo Testamento es un Dios cruel. Es el terrible Yahvé que inventa toda suerte de castigos para los humanos: diluvios, fuego divino, horrendas plagas...

En cambio, el Jesús del Nuevo Testamento es un Dios bueno y misericordioso que predica el amor, alivia el sufrimiento de los hombres, los consuela y les da siempre su perdón y su paz.

–»Creo haber dado con la causa de esa transformación –siguió diciendo. Yahvé no conoció el amor de una madre. Jesús sí.

Así dijo Jean Cusset. Y dio el último sorbo a su martini, con dos aceitunas, como siempre.

———◇———

Seguramente no hay en la actualidad un teólogo más discutido que Malbéne. La última acusación que se le hizo fue la de haberse vuelto «orientalista». El círculo de Lovaina le imputó haber incorporado en su doctrina algunas tesis hinduistas. Él respondió: «Existe un solo Dios, pero no un solo libro ni un solo hombre».

He sido admirador de Malbéne desde que leí *La vérité vraie*, uno de sus primeros libros. Ahí dice algo que ciertamente suena a creencia del Oriente: «Cada instante de nuestra vida asistimos a nuestro propio funeral, pues el hombre que soy en este momento ya no es en el siguiente: ha muerto. ¿Acaso existe el yo que fui en el vientre de mi madre? ¿Acaso vive aún mi yo de niño? Y sin embargo, no lloramos esas muertes de nuestro propio yo. ¿Por qué temer entonces a la muerte? Es tan sólo una muerte más. Después de ella, seremos otros, pero seremos todavía y estaremos de nuevo en esta vida, la verdadera vida eterna».

En efecto, quizá algunas veces las afirmaciones de Malbéne tengan extrañas resonancias. Pero en sus páginas la vida siempre triunfa sobre la muerte, el amor, sobre el odio, la fe sobre el temor, y la esperanza sobre la desesperación.

———◁◯▷———

Era la fe.

Era la esperanza.

Y era el amor.

Cierto día murió la fe.

Entre el amor y la esperanza la hicieron renacer.

Otro día la esperanza quedó muerta.

Juntos, el amor y la fe la revivieron.

Luego sucedió que murieron la fe y la esperanza.

El amor, por sí solo, las volvió a la vida.

Pero un día murió el amor.

Entonces murieron también la fe y la esperanza, y nada pudo hacerlas ya vivir.

———◁◯▷———

HISTORIAS DE LA CREACIÓN DEL MUNDO

Adán y Eva cayeron en la tentación, es cierto, pero no habrían caído en ella si Yahvé no hubiera caído en la tentación de hacerlos caer en la tentación.

El asunto es complicado. Estamos hablando de la libertad, y la libertad es siempre complicada. Lo que quiero decir es que Dios creó la tentación, y de eso han derivado múltiples calamidades.

Tentados, el hombre y la mujer cayeron en la tentación. Entonces, Yahvé los expulsó del Paraíso Terrenal y puso en la puerta un ángel guardián para evitar que regresaran a él.

Pero he aquí que el ángel sintió la tentación de acompañar a Adán y a Eva en su aventura de la libertad. Entonces, Yahvé se vio en la precisión de poner un ángel guardián para impedir que escapara el ángel guardián. Este segundo ángel sintió la misma tentación, y Yahvé puso a otro. Y así sucesivamente, hasta que el mundo se llenó de ángeles que son al mismo tiempo custodios y custodiados.

El asunto, vuelvo a decirlo, es complicado. Estamos hablando de la libertad, y la libertad es siempre complicada.

En estos días yo pienso mucho en San José. Fue padre putativo de Jesús, es decir, figuró como su padre sin serlo verdaderamente. (Eso explica por qué a los que se llaman José les dicen Pepe. En las antiguas imágenes de San José aparecía su título *Pater Putativus* expresado con sus iniciales mayúsculas: *P. P.* De ahí, el Pepe).

San José –como San Pedro– dudó, y eso lo hace muy humano. Pero cuando supo la verdad, se rindió a ella. También él dijo –a su manera–: «He aquí el esclavo del Señor, hágase en mí según su palabra».

Es San José un santo de humildad: en los retablos flamencos donde se pinta la escena de la Natividad siempre aparece en un segundo plano, inadvertido, casi. Tal se diría que se juzga indigno de estar al lado de la magnificencia del Dios Niño y de la Virgen, en cuyo seno se hizo hombre el Redentor.

Yo amo a este amable santo que se sacrificó al prodigio. Su santidad estriba en haberse librado de esa pesada carga que es el yo. En esta Navidad, le voy a pedir una viruta de su carpintería para acordarme de ser humilde, de no pensar en mí. Es decir, para acordarme de olvidarme.

◄○►

Jean Cusset, ateo con excepción de la vez que oyó cantar a Victoria de los Ángeles, dio un nuevo sorbo a su martini –con dos aceitunas, como siempre– y continuó:

–Bekster, estudioso de la conducta de las plantas, hizo un curioso experimento. Seleccionó a seis de sus alumnos, y tras colocar dos plantas en una habitación cerrada le pidió a uno de ellos –elegido por sorteo secreto– que fuera a la habitación y «asesinara» a una de las plantas, destrozándole sus hojas, su tallo y su raíz. Después, sin saber quién era el «asesino», Bekster conectó un polígrafo a la planta sobreviviente, y ordenó luego a los estudiantes que entraran uno por uno en la habitación. Cuando llegó el culpable, Bekster lo identificó: la planta testigo reaccionó de modo tal que el aparato registró cambios que no se habían producido al entrar los otros.

–»Tenía razón Shakespeare –siguió diciendo Jean Cusset–: «Hay más cosas en los cielos y en la tierra que las que alcanzaron a soñar juntas todas tus filosofías».

La amiga de Cusset, que mientras él hablaba estaba pensando en otras cosas, le preguntó de pronto:

—¿Me amas?

—No te lo puedo decir ahora —respondió él bajando la voz— Nos está oyendo mi rosal.

<hr />

San Virila bajó a la aldea esa mañana. Por la noche había llovido torrencialmente y el río iba crecido. Un niño quedó atrapado en una isleta; las aguas amenazaban con ahogarlo.

Los hombres y mujeres de la aldea, al ver llegar a San Virila, le gritaron con desesperación:

—¡Haz un milagro!

San Virila levantó al cielo la mirada y repitió:

—¡Señor, haz un milagro!

Escuchó San Virila una voz:

—¿Me pides un milagro? Para eso estás tú.

San Virila meditó brevemente esas palabras y luego dijo a los aldeanos:

—¿Me piden un milagro? Para eso están ustedes.

Entonces los aldeanos se unieron en cadena, juntas las manos. Así llegaron a donde estaba el niño y lo salvaron.

—¿Lo ven ustedes? —les dijo San Virila—. Entre Dios y nosotros podemos hacer muchos milagros.

<hr />

Cuando con mis compañeros del colegio hice la primera comunión, el buen padre Secondo nos pidió que antes de recibir a Jesús Sacramentado fuéramos con nuestros padres y les pidiéramos perdón por nuestras faltas. Y buscó cada quien a sus papás y, ahí en la banca les pedimos perdón.

No entendimos aquello: a los siete años, no es necesario entender nada. Pero ahora creo saber lo que aquel santo padre nos quería enseñar. Primero, que no estábamos pidiendo perdón a nuestros padres por las faltas que habíamos cometido –¿qué faltas podían ser aquéllas?–, sino por las que íbamos a cometer. Ellos, al fin papás, las perdonaban todas por adelantado. Y otra cosa nos estaba enseñando el sacerdote, más importante aún: que el perdón de Dios sólo se puede hallar íntegro y pleno en el perdón de aquellos a quienes ofendimos.

He vuelto a pensar en eso una y otra vez. A los siete años, no es necesario entender nada, pero a mis años sí.

———◄◊►———

HISTORIAS DE LA CREACIÓN DEL MUNDO

El Señor hizo el Cielo.

Lo llenó de hermosuras infinitas, puso en él armonías inefables, lo adornó con toda suerte de bellezas y luego lo pobló con criaturas espirituales dotadas de admirable perfección, a quienes colocó por orden jerárquico, de menores a mayores, en los vastos aposentos celestiales: ángeles, arcángeles y principados; potestades, virtudes y dominaciones; tronos, querubines y serafines.

Adán, extasiado, contempló aquel Cielo, y luego preguntó:

—Señor, ¿y el infierno cuándo lo vas a hacer?

—No —respondió el Padre—. El infierno lo van a hacer ustedes.

———◇———

PLEGARIA

Gracias, Señor, por todas mis mañanas
hechas de luz, y pájaros, y viento.
Por la estrella sin número y sin dueño
que hiciste porque yo la contemplara.

Por la cintura azul de las muchachas,
y por la frente blanca de los viejos,
y por el sueño con que a veces sueño,
y por mi cuerpo, gracias, y por mi alma.

Mucho me has dado a mí, que soy tan poco.
Hasta te diste tú, nieve en el lodo…
¿Qué, para ti, Señor, no dejas nada?

Gracias, pues, por mi mundo, niño y loco.
Y gracias por mi vida. Y, sobre todo,
gracias porque he aprendido a decir: Gracias.

AFA

Jean Cusset, ateo con excepción de la vez que oyó a su hijo decir la primera palabra, dio un nuevo sorbo a su martini –con dos aceitunas, como siempre– y continuó:

–El cristianismo fue en su origen una religión apocalíptica. Los primeros cristianos tenían la certidumbre de que el fin del mundo estaba cerca. De ahí que su religiosidad los llevara al celibato y la virginidad: ¿para qué tener hijos si el mundo ya se iba a acabar?

–»De esa visión apocalíptica –siguió diciendo Jean Cusset– derivaron ideas y prácticas que prevalecen hasta nuestros días, y que, si bien en su origen tuvieron explicación, carecen ahora de fundamento. El mundo no se acabó; una y otra vez han fallado las profecías que anuncian su inminente final. Por eso hemos de hacer de nuestra religión una doctrina de vida, no de alejamiento de la vida; una obra de amor llena de fe y esperanza en un mundo que apenas empieza, no que ya va a acabar.

Así dijo Jean Cusset, y dio el último sorbo a su martini, con dos aceitunas, como siempre.

El padre Soárez platicaba con el Cristo de su iglesia.

–Señor –le pidió–. Explícame, por favor, el problema de la libertad del hombre. Por mucho que he buscado en los teólogos no logro desentrañar esa cuestión.

–Tampoco yo entiendo bien ese problema –confesó Jesús–. Habría que preguntarle a mi Padre: él lo inventó.

Yo lo planteo así: Dios vota por el hombre, y el demonio vota en contra del hombre. Hay un empate. Luego vota el hombre, y eso rompe el empate. En eso, creo, consiste la libertad humana.

—¡Qué buena explicación, Señor! —exclamó con admiración el padre Soárez—. ¿Eres teólogo?

Respondió Jesús con una sonrisa:

—¡Dios me libre!

—◇—

—No puedo creer en Dios —decía el escéptico—. Porque, si hay Dios, ¿cómo se puede explicar la existencia del mal?

—Yo, en cambio, no puedo dejar de creer en Dios —respondió con una sonrisa el padre Soárez—. Porque, si no hay Dios, ¿cómo se puede explicar la existencia del bien?

El incrédulo no dijo nada ya, y se puso muy serio. Los incrédulos se ponen muy serios cuando no pueden decir nada.

—◇—

HISTORIAS DE LA CREACIÓN DEL MUNDO

Preguntó el hombre:

—Señor, ¿no estás enojado con Darwin? Por su culpa muchos dejaron de creer en ti.

—Darwin es buen amigo mío —respondió el Creador—. Lo veo con el afecto con que un artista vería a alguien que se interesó en su obra y la estudió hasta el último detalle.

Nunca me molestó él. Me irritaron un poco, te confieso, los que no lo supieron leer.

–Entonces –quiso saber el hombre–, ¿qué fue lo que hizo Darwin?

Contestó el Señor:

–Yo escribí el tema. Él escribió acerca de las variaciones.

—◇—

Jean Cusset, ateo con excepción de las veces que se siente solo, dio un nuevo sorbo a su martini –con dos aceitunas, como siempre– y continuó:

–Tengo en mi biblioteca los más extraños libros. El otro día tomé uno al azar, y también al azar abrí sus páginas. Leí esto: «Para el bautismo, debe emplearse agua natural. Hay duda acerca de si puede bautizarse con café, té, cerveza o lejía. De plano no se puede bautizar con saliva, leche, sangre o lágrimas».

»El libro –siguió diciendo Jean Cusset– se llama *Moral médica en los Sacramentos de la Iglesia*. Lo escribió el doctor Luis Alonso Muñoyerro, español. El autor se ocupa también de lo que llama «el bautismo de los monstruos», es decir, de los hermanos siameses o seres similares. «Si son dos cabezas y dos pechos habrá que bautizar cada cabeza. Si son dos cabezas y un pecho, se bautizará una cabeza absolutamente, y la otra diciendo estas palabras: «Si eres otro hombre, etc.» Si son una cabeza y dos pechos, se debe bautizar la cabeza incondicionalmente, y luego cada uno de los pechos diciendo: «Si no estás bautizado…»

–¡Qué absurdas nos parecen esas sutilezas ritualistas! –dijo Jean Cusset–. Hay un hermoso rito, sin embargo, que es muy sencillo: hacer el bien, amar a nuestro prójimo y demostrarle con actos buenos nuestro amor. He ahí el mejor bautismo que podemos dar y el mejor que podemos recibir.

—◇—

«No existe el mal –dice Malbéne, controvertido teólogo–. Existe, sí, la ausencia de bien. Todo en el mundo es unidad. Existe un sólo Dios, un Dios de bien, y ese Dios único lo llena todo. El mal no puede coexistir con él, pues entonces habría también un Dios del mal. Es imposible esa dualidad.

»Pienso, por tanto, que no existe eso que hemos llamado "el demonio". Cuando hablamos de él estamos hablando en verdad de la ausencia de Dios. "Dios está en el cielo, en la tierra y en todo lugar". Pero no puede estar en el mal. Está, sí, en la ausencia de bien, como promesa y esperanza. Aquellos hombres que llamamos "malos" fueron buenos que renunciaron a la promesa y rechazaron la esperanza. Pero también en ellos está Dios.

»Si se acepta mi idea, ya no habrá "buenos" y "malos". "Todo es gracia"», dijo Bernanos. En esa gracia de Dios, universal, habrá buenos y habrá otros que dejaron de ser buenos, pero que pueden volver a serlo. Así, todos estaremos en el camino que conduce a Dios, y algún día nos encontraremos todos en Él.»

Como se ve, la teología de este teólogo es muy poco teológica.

Cuando murió Sócrates se cubrió el rostro con el manto para que nadie viera el rictus de su agonía y su dolor.

Cristo, en cambio, murió con los brazos abiertos y en lo alto de una colina, como si hubiese querido que todo el mundo viera su sufrimiento, su pasión.

La muerte de Sócrates fue aséptica. Tuvo el decoro, la contención, casi la elegancia que hay en los frisos griegos. La muerte de Jesús fue sucia y violenta, horrible, como aparece en las retorcidas tablas de Grünewald. En ella hubo sangre revuelta con tierra del camino, heridas tumefactas, golpes y llagas, gritos de angustia, acerbísimo dolor.

Sin embargo, la verdad de Sócrates quedó en los libros para los filósofos, en tanto que la verdad de Cristo va por el mundo vivificando a los humanos. En la muerte de Sócrates hay muerte; en la muerte de Cristo está la vida.

HISTORIAS DE LA CREACIÓN DEL MUNDO

Subió Moisés al monte Sinaí. En medio de una furiosa tempestad el Señor le entregó las Tablas de la Ley.

Moisés comenzó a leer lo que decían las Tablas. Se fijó muy especialmente en aquello de «No fornicarás» y «No desearás la mujer de tu prójimo».

–Son diez mandamientos –le explicó el Señor–. Sin embargo, en realidad los diez se reducen a uno solo: «Amarás a Dios sobre todas las cosas y al prójimo, como a ti mismo».

–¡Caramba, Señor! –se quejó Moisés con amargura–. Si en verdad todo se reduce a eso, ¿entonces para qué tenías que entrar en detalles?

—◦—

Si conoces a un niño, ámalo.

Si conoces a un anciano, compréndelo

Si conoces a un enfermo, consuélalo.

Si conoces a un solitario, acompáñalo.

Si conoces a un débil, fortalécelo.

Todas esas cosas –niño, anciano, enfermo, solitario, débil– has sido o serás alguna vez.

Necesitarás, entonces, amor, comprensión, consuelo, compañía y fortaleza.

Da todo eso cuando te necesiten, y todo eso recibirás cuando lo necesites tú.

—◦—

Jean Cusset, ateo con excepción de cuando la noche del alma es muy oscura, dio un nuevo trago a su martini –con dos aceitunas, como siempre– y prosiguió:

–En el examen de conciencia, yo suelo sacar siempre bajas calificaciones. Creo, sin embargo, que Dios es pródigo en segundas oportunidades. Soy terco en la maldad, pero Él es más terco aún en la misericordia. Eso no significa que quiera yo formarme un Dios blandengue, a la medida de mi conveniencia. Significa que no quiero perder nunca la esperanza que tengo en Su infinito amor.

224

»Hago la cuenta de lo que fui en el año que acaba de pasar. El saldo es, como siempre, desfavorable a mí. Pero no caigo en desesperación: eso es pecado. La pérdida de fe en mí mismo aumenta la fe que tengo en quien me creó, y eso me hace ver en el nuevo año una nueva oportunidad que Dios me da. Procuraré ser bueno. Tal será mi propósito de Año Nuevo. Tal será mi propósito de Yo nuevo.

Así dijo Jean Cusset. Y dio el último trago a su martini, con dos aceitunas, como siempre.

—◦—

Aquella mañana San Virila parecía llevar dentro de sí todo el gozo del mundo. Salió de su celda cantando una canción, y cuando llegó al huerto abrió los brazos para que en ellos se posaran los pájaros del cielo. Ellos creían que aquel humilde fraile era un árbol que caminaba.

—¿Por qué estás tan contento? —le preguntaron sus hermanos. (Los religiosos, como no eran santos, sospechaban de todas las alegrías). Y respondió Virila, jubiloso:

—Ustedes dicen que yo hago milagros. La verdad es que los milagros están en torno nuestro. Y ayer yo fui el mayor milagro.

—¿Cuál? —quisieron saber los compañeros.

Dijo San Virila:

—Hice lo que el Señor me pide, en vez de esperar que el Señor hiciera lo que le pido yo.

Ambroise Duvierge era escultor. Se le conoció con el nombre de «El maestro de Laon», porque, según cierta tradición, fue él quien talló las imágenes del pórtico en la espléndida catedral de esa ciudad.

Al llegar a los 20 años de edad, Ambroise estaba ya en plena posesión de su arte. Labró en madera policromada una estatua yacente de la infantina de Nevers, quien murió siendo niña. Cuando sus padres vieron la escultura, bajaron la voz sin darse cuenta para no despertar a la pequeña.

Un día, anunció Ambroise: «Voy a hacer la imagen de Dios». Esas palabras escandalizaron. «A Dios nadie lo ha visto jamás», le recordó, ceñudo, el arcipreste Dracon, repitiendo la frase de San Juan. Pocos meses después, la esposa de Ambroise dio a luz un hijo. Lo levantó en alto el escultor y dijo con reverencia: «Esta es la imagen».

———◄◊►———

HISTORIAS DE LA CREACIÓN DEL MUNDO

Dijo el hombre a propósito de la mujer:

–No la entiendo.

La mujer dijo del hombre:

–No lo entiendo.

Hablando de Dios, dijeron el hombre y la mujer:

–No lo entendemos.

Hablando de la mujer y el hombre, dijo Dios:

–No los entiendo.

Y a pesar de todo, aunque no se entiendan, siguen juntos el hombre, la mujer y Dios.

⎯◦⎯

Jean Cusset, ateo con excepción de la vez que escuchó a los monjes de Solesmes cantar el *Jubilate*, bajo la dirección de Dom Gajard, dio un nuevo sorbo a su martini –con dos aceitunas, como siempre– y continuó:

–Todas las oraciones se pueden sintetizar en una sola frase del Padrenuestro, la que dice: «Fiat voluntas tua». Hágase tu voluntad. En el abandono de la nuestra, consiste la fe que profesamos los cristianos, y en eso radica también nuestra esperanza. La mayor entrega a Dios la vi en aquella madre que decía hablando de sus hijos: «Sólo le pido a Dios que les mande el sacramento que más les convenga». Entre tales sacramentos podía estar el de la extremaunción: si el Señor reclamaba la vida de uno de sus hijos, ella se conformaba con esa voluntad. Igual nosotros: debemos perdernos para encontrarnos, para encontrar a Dios.

Así dijo Jean Cusset. Y dio el último sorbo a su martini, con dos aceitunas, como siempre.

⎯◦⎯

El padre Soárez hablaba con su más rico feligrés. Le dijo:

–Creemos que sólo en los tiempos antiguos acontecían los milagros. Y sin embargo, aquí, en esta parroquia, acaba de haber uno. Sucedió que un hombre iba por la calle y vio a un miserable pordiosero temblando de frío. Fue hacia él y le entregó su abrigo para que se cubriera. Al día siguiente ese mismo hombre vino al templo y vio que la imagen de Cristo en el altar tenía puesto el abrigo que él regaló a aquel pobre.

El rico feligrés clavó en el padre Soárez una mirada escéptica.

—¿Estoy obligado a creer eso? —preguntó.

—Nadie está obligado a creer nada —respondió el padre Soárez—. Pero todos estamos obligados a dar a Jesús algo en la persona de sus pobres.

Calló el rico. No creía en los milagros. Y dar es un milagro.

Aún no comenzaba a amanecer cuando encendí la vela. Su pequeñita llama puso apenas un tenue resplandor en la oscuridad de la sala, pero a mí me iluminó el espíritu como si hubiese entrado en él toda la luz del sol.

La vela de la Divina Providencia… La enciendo el primer día de cada mes en un íntimo rito que además de silencioso sería solitario si no me acompañaran en él las sombras de mis queridos muertos: mi abuela Liberata, mi papá Mariano, mis tías Crucita y Conchita, doña María, madre de mi esposa y segunda madre mía… Ellos creían en la bondad de Dios y me enseñaron a pedirle la casa, el vestido y el sustento.

Recibí el pan, el techo y el abrigo. Y no puedo decir que esos milagros sean obra mía: vienen del amoroso Padre de cuyas manos todos los bienes se reciben. Por eso ahora no enciendo la vela ya para pedir. ¡Tanto pedí, y con tal abundancia he recibido! La enciendo para dar gracias a esa infinita Providencia que cuida del lirio y del gorrión, y que también cuida de mí.

HISTORIAS DE LA CREACIÓN DEL MUNDO

El universo es un gran rompecabezas.

Tiene 100 mil millones de billones de trillones de cuatrillones de piezas, multiplicada esa cantidad por 100 mil millones de billones de trillones de cuatrillones de veces, y vuelta a multiplicar por 100 mil millones de billones de trillones de cuatrillones de veces más.

Cuando Darwin enunció su teoría de la evolución, el Creador se alegró mucho. Dijo:

—¡Vaya! ¡Al fin pudieron juntar las dos primeras piezas!

Jean Cusset, ateo con excepción de la vez que falló el motor de la avioneta en que volaba, dio un nuevo sorbo a su martini —con dos aceitunas, como siempre— y prosiguió:

—Cuando el Cielo se llene de santos —todavía los hay en nuestro tiempo— la santidad rebosará y caerá sobre el mundo. Entonces, todos seremos buenos.

Bebió otra vez de su copa Jean Cusset, como pensando lo que luego iba a decir, y continuó:

–Nuestro destino natural es la perfección. Las cosas y los hombres son atraídos a ella como por una fuerza gravitacional. Alguna vez llegaremos a ser perfectos en la unidad con Dios. Todo es cuestión de esperar a que se llene el Cielo, aportando también nosotros algo de bondad.

Así dijo Jean Cusset. Y dio el último sorbo a su martini, con dos aceitunas, como siempre.

—◇—

El color negro no existe, dicen unos.

Es la ausencia de color.

La oscuridad no existe, dicen otros.

Es la ausencia de luz.

El mal no existe, dice Malbéne.

Es la ausencia de bien.

«No es que el hombre malo esté poseído por el demonio –afirma el controvertido teólogo–. Lo que sucede es que no se ha dejado poseer por Dios. No puede haber dos reinos en el mundo: el del mal y el del bien. Eso implicaría la existencia de dos dioses. Existe sólo el bien. Si lo apartamos de nosotros deja un vacío que el mal viene a ocupar, como la oscuridad que surge cuando deja de brillar la luz.»

Y concluye Malbéne:

«Hagamos que brille el bien, para que no se haga presente entre nosotros la oscuridad del mal.»

Me habría gustado conocer a Francisco Solano, llamado por algunos historiadores «El juglar de Dios».

Misionero, en él residía el espíritu poético de San Francisco. Renegrido por el sol del trópico, extenuado por las vigilias, el hambre y las enfermedades de la selva, iba por el Guairá buscando a los habitantes de aquella verde inmensidad. Para atraerlos, tocaba su violín y cuando llegaban a él abría los brazos en cruz como saludo fraternal. La piadosa leyenda dice que su música convertía a los indígenas y les abría los ojos a la fe, y que en sus brazos abiertos se posaban las aves y cantaban para regalarles, ellas también, su música.

Me habría gustado conocer a Francisco Solano. Llevó el mismo nombre del Poverello, y llevó también en su violín su mismo amor.

HISTORIAS DE LA CREACIÓN DEL MUNDO

El Señor vio que la cebra estaba triste.

Dios no quiere que sus criaturas estén tristes. La creación fue una sonrisa suya; todo nació de su alegría. Le preguntó, pues:

–¿Por qué estás triste, cebra?

–Padre –respondió ella–, sufro porque no sé si soy negra con rayas blancas o blanca con rayas negras. Cuando estoy feliz pienso que soy blanca con rayas negras. Cuando me siento desdichada pienso que soy negra con rayas blancas. Dime: ¿cómo soy?

Le contestó el Señor:

–Eso no importa nada. Lo que importa es que eres.

La cebra dejó de preocuparse. En adelante, se dedicó sencillamente a ser. Ya no le importó saber si era negra con rayas blancas o blanca con rayas negras. Y entonces fue feliz.

Jean Cusset, ateo con excepción de las veces que escucha música de Palestrina, dio un nuevo sorbo a su martini –con dos aceitunas, como siempre– y continuó:

–Si crees en Dios será muy difícil explicar el mal.

Dio otro sorbo a su martini, Jean Cusset, y concluyó la frase:

–Pero si no crees en Él será imposible explicar el bien.

Añadió luego:

–El mal no existe, pues sería la negación de Dios. Lo que llamamos «mal» es la ausencia del bien. El género humano avanzará en su evolución espiritual, y el oscuro vacío que es el mal será llenado por la luz del bien. Ésa es una de las siete cosas que pedimos al rezar el Padrenuestro: «Venga a nosotros tu reino».

Así dijo Jean Cusset. Y dio el último sorbo a su martini, con dos aceitunas, como siempre.

Dijo aquel hombre a San Virila:

–No creo en Dios.

–No importa eso –le respondió con una sonrisa San Virila–. Dios sí cree en ti.

Insistió el hombre:

–No creo en el Dios inventado por los profesionales de la religión. No creo en el Dios cuyo trabajo es castigar. No creo en el Dios que goza con el temor de los humanos ni en aquel que les envía sufrimientos para probar si en verdad creen en Él. No creo en el Dios de los que se irritan cuando alguien sonríe y es feliz.

–¿Entonces en qué crees? –preguntó al hombre San Virila.

Y el hombre contestó:

–Creo en el amor. Creo en la vida.

–¡Ah, vaya! –suspiró el santo con alivio–. ¡Ya estaba yo pensando que de veras no creías en Dios!

———◀◯▶———

Terry, mi perro cocker, me miraba con sus grandes ojos líquidos y luego se dormía otra vez aquí, junto a mis pies, bajo la mesa donde escribo.

Ya no era el Terry aquel camarada jubiloso que iba conmigo por el campo y gozaba asustando a los conejos y a las codornices. Tampoco era el Terry que percibía con ansiosa nariz los efluvios de la primavera y se nos iba de la casa para buscar amores heterodoxos, fugitivos. Era viejo ya, y estaba cansado. Estaba también, quizá, un poco triste...

Yo amé a mi perro, compañero de tantas caminatas, manso guardián de sueños junto a la chimenea. Alguna vez seré como él, y buscaré también a Dios para dormirme a sus pies, bajo la mesa donde el Señor escribe la vida de los hombres, y de los perros, y de todas las criaturas...

HISTORIAS DE LA CREACIÓN DEL MUNDO

Adán y Eva comieron el fruto prohibido. (El Señor se los prohibió; por eso lo comieron).

Yahvé los expulsó del paraíso y luego se desentendió de ellos.

Pasó el tiempo. Cierto día, el Señor sintió curiosidad por saber cómo les iba a Adán y Eva. Se asomó a través de las nubes y los vio. Estaban en su pequeña casa, en paz, rodeados de sus hijos y sus nietos. Aunque sufrían las penas y quebrantos de la vida, el amor los unía y les daba fortaleza. Recordaban los días felices que habían vivido. Sus hijos cuidaban de ellos. Los niños jugaban y reían, y sus abuelos los miraban, complacidos.

Al ver todo eso exclamó el Señor:

–¡Caramba! ¡Éstos ya se inventaron su propio paraíso!

Jean Cusset, ateo con excepción de la vez que nació su primer hijo, dio un nuevo sorbo a su martini –con dos aceitunas, como siempre– y continuó:

–Yo desconfío de los que no creen en Dios, pero desconfío más de los que creen demasiado en Él. Me atemorizan los que sienten que hay un pacto personal entre Dios y ellos; temo a los que piensan que tienen el monopolio total de la virtud.

–»Se juzgan perfectos –siguió diciendo Jean Cusset–, y ya saben ustedes cuán imperfecta suele ser la perfección. Un hombre que está convencido de que no hay en el mundo nada aparte de Dios y él (no necesariamente en ese orden), es un hombre que cree tener derecho a arrojar la primera piedra. Los mortales comunes y corrientes, los que no estamos en sociedad anónima con Dios, nunca acercamos la llama a la hoguera de los pecadores, porque sabemos bien que nosotros mismos somos materia ideal para la combustión. Eso nos confiere santas virtudes, como el amor al prójimo, la tolerancia y la humildad.

Dio un nuevo sorbo a su martini, Jean Cusset, y concluyó:

–Yo digo que no se puede creer totalmente en Dios, ni amarlo bien, si no se cree en los hombres y si no se les ama. Es poco divino y poco humano poner los ojos sólo en Dios y no dedicar una mirada de piedad a sus criaturas.

Así dijo Jean Cusset. Y dio el último sorbo a su martini, con dos aceitunas, como siempre.

El padre Soárez charlaba con el Cristo de su iglesia. Le dijo:

–Señor, hay una bella imagen tuya que te muestra llamando a la puerta de una casa, como buscando a alguien.

–La conozco –respondió Jesús–. Y me gusta, pues me recuerda un soneto de Lope de Vega, hombre que estaba muy cerca de mí porque estaba muy lejos de mí. Si observas bien, en esa estampa, la puerta no tiene aldaba afuera. Tal cosa significa que sólo se puede abrir desde adentro. Por mucho que busque yo a un pecador no podré llegar a él si no me abre su corazón.

Exclamó conmovido el padre Soárez:

–¡Qué misericordioso eres, Señor! ¡Nos buscas a pesar de nuestros pecados!

–No –lo corrigió Jesús–. Los busco por sus pecados.

Entonces, supo el padre Soárez que la misericordia del Padre es infinitamente más grande que las mayores culpas de sus hijos.

Diminutos insectos son las pulgas. Asombro de mi niñez fue ver algunas en el Museo del Chopo a través de una lupa, vestidas de bailarinas, de cirqueras, de damas de la alta sociedad.

Quien se haga preguntas acerca de los hombres, debería preguntarse también acerca de los insectos. En última instancia, no hay gran diferencia entre ellos. Y si la hay, será en muchas ocasiones favorable al insecto. Una de tales preguntas podría bien ser ésta: ¿cómo hacen las pulgas para encontrarse y perpetuar su especie en esa enorme selva enmarañada que es el pelambre del perro donde viven? La respuesta asombrará a muchos y conmoverá a unos pocos: cantan las pulgas igual que las ballenas; cantan como los grillos cantan, estridulan con sus patitas micrométricas y dicen una canción que nadie escucha más que ellas, canción de amor que debe ser lo mismo que para nosotros es una aria de Bellini o una serenata hecha por Schubert.

Dios está en el cielo, en la tierra y en todo lugar, nos enseñó Ripalda. Si eso es cierto, también está en las pulgas. Y canta, aunque nosotros no oigamos su canción.

———◄o►———

HISTORIAS DE LA CREACIÓN DEL MUNDO

Una vez el mundo se cubrió de rezanderos profesionales.

Ni siquiera al principio fueron gratos al Señor, que se aburría con sus incesantes melopeas, su cantilena inacabable que parecía bordoneo de moscas. Y todo para sacar dinero a los demás, como hacen los fariseos. ¡Ah, cómo hubiera preferido Dios que hicieran aquellos hombres al menos una obra buena en Su nombre!

Desesperado, dijo entonces el Señor:

–Voy a crear a los ateos.

–¿A los ateos? –se sorprendió el Espíritu. –Esos no creerán en nosotros.

—Es cierto —contestó el Señor—. Pero tampoco nos van a molestar tanto.

———◇———

Jean Cusset, ateo con excepción del día en que nació su hijo, dio un nuevo sorbo a su martini —con dos aceitunas, como siempre— y continuó:

—Le hace menos daño al cristianismo un incrédulo que un acomodaticio. El incrédulo no tiene fe; el acomodaticio la pervierte, pues procura adaptarla a su interés. Por su culpa lo puro del cristianismo se hace «pero»; por él todas las reglas que dictó Cristo tienen excepción: «Ama a tu prójimo». «Sí, pero me reservo el derecho de decir quién es mi prójimo y quién no».

—»Hemos de ir a la última raíz de lo cristiano —siguió diciendo Jean Cusset—. Esa raíz final es el amor. Quien falte a él podrá encontrar mil peros para justificarse, pero el Amor no lo justificará. Hay que ser cristianos sin peros para poder ser cristianos puros.

Así dijo Jean Cusset. Y dio el último sorbo a su martini, con dos aceitunas, como siempre.

———◇———

En su libro *El camino de la salvación*, dice Malbéne lo siguiente:

«Nada nos justificará sino el amor. Sólo el amor puede salvarnos: es la mejor iglesia, la única indudable religión. Si leo diez veces la Biblia y no hago el bien, leí diez veces mal.

Si rezo durante cien días y no hago el bien, recé cien días mal. Si mil veces invoco a Dios y no hago el bien, mil veces invoqué mal a Dios.

»Cumplamos simplemente las sencillas obras de la misericordia, aquellas que el padre Ripalda enumeró: dar de comer al hambriento, vestir al desnudo, consolar al triste… La mejor oración es el bien con que acudimos a aliviar la necesidad de nuestro prójimo. Lo demás es campana que no tañe; agua que no calma la sed.»

Estas palabras de Malbéne nos deben mover a la reflexión.

———◦———

Salim ben Ezra, cadí en el emirato de Córdoba, se prendó de una cristiana, y ella a su vez se enamoró de él. El matrimonio entre los dos no podía ser, pero se unieron en secreto mediante un voto que ella hizo en el nombre de Cristo y él en el nombre del Profeta.

Se amaron ocultamente aquel hombre de tez aceitunada y aquella mujer de piel más blanca que el marfil. Ella callaba cuando él decía sus plegarias prosternado en dirección al Oriente; callaba el hombre cuando la mujer amada recitaba sus oraciones frente a Jesús crucificado. Tuvieron hijos: él les narraba las parábolas del Evangelio, y les leía ella los pasajes más bellos del Corán. Ambos habrían sido condenados por el Islam y Roma.

Murieron después de muchos años. Sus hijos crecieron en el bien y guardaron en el corazón la memoria de sus padres. Ellos les enseñaron que el amor es la más santa religión.

Quien eso enseña queda siempre en la memoria y el corazón de los demás.

———◦———

HISTORIAS DE LA CREACIÓN DEL MUNDO

El Señor se preocupó bastante: estaba creciendo mucho el número de ateos en el mundo.

Entonces les organizó un tour.

Los llevó primero a ver un amanecer. Luego un crepúsculo. Después les mostró el cielo estrellado. En seguida los hizo ver el mar en toda su majestuosa inmensidad. Les enseñó a continuación un colibrí. Finalmente, les pidió que contemplaran la maravilla que es su cuerpo y el misterio que es su alma.

Aun así los ateos no creyeron.

Y dijo, entonces, el Señor con acento pesaroso:

–¡Caramba! ¡Nadie es profeta en su tierra!

———◦———

Me habría gustado conocer a don Benito Pérez Galdós.

Escritor que escribía era este don Benito. Seis recios tomos de tomo y lomo se necesitaron para hacer caber sus obras completas. Y es que don Benito escribía para ganarse la vida, no para entretenerla. Cuando por eso se escribe se tiene que escribir.

Pérez Galdós amó recatadamente a una señora culta y fea, doña Emilia Pardo Bazán. Leer las cartas de amor que se mandaban los añosos amantes es entrar en cursilerías deliciosas.

Tenía fama de irreligioso don Benito. En verdad no lo fue. Detestaba la hipocresía, sí, y esa ñoña piedad de los que creen ser favoritos del Señor. Era gran dibujante a más de espléndido escritor, y su amigo José María de Pereda le pidió que le hiciera un proyecto para su monumento funeral. Pérez Galdós dibujó una hermosa cruz, y dijo luego:

—Bajo ella, me gustaría dormir también.

———◦———

Jean Cusset, ateo con excepción de la vez que recuerda sus oraciones de niño, dio un nuevo sorbo a su martini —con dos aceitunas, como siempre— y continuó:

—Si ustedes miran bien la imagen de Adán que pintó Miguel Ángel en la Capilla Sixtina advertirán en una de sus piernas la figura de Eva. La intuición de artista de Buonarroti le permitió pintar una verdad: en sus orígenes el hombre y la mujer fueron un solo ser. Millones de años de evolución fueron necesarios para separarlos, pero los hombres tenemos todavía en el cuerpo restos de nuestro ser femenino, y la mujer conserva también algún rasgo de varón.

—»Por eso —siguió diciendo Jean Cusset— el amor es la perpetua búsqueda de esa unidad que se perdió. Sin saberlo, al buscarse mutuamente el hombre y la mujer se están buscando a sí mismos.

–»Entonces –concluyó Jean Cusset–, cuando seamos felices al lado de una mujer no debemos decir: «Me hallo muy bien con ella»; debemos decir: «Me hallo muy bien en ella».

—◇—

Malbéne, controvertido teólogo, publicó un artículo en la revista *Lux et Vita*, que de seguro provocará polémica. Su texto contiene frases como las siguientes:

«Si crees que Júpiter es dios, y en nombre de Júpiter haces obras buenas, bienvenida sea tu creencia en Júpiter. Si crees que Osiris es dios, y en nombre de Osiris haces el bien, qué bueno que creas en Osiris. Si crees que una piedra es dios, y en nombre de esa piedra fincas tu vida en el amor, bien haya tu fe en esa piedra. Más aún: si no crees que hay un dios, pero ayudas a tu prójimo con obras buenas, y haces el bien, y actúas en todo con amor, te habrás justificado como hombre, aunque no creas que hay un dios.»

Eso dice en su artículo Malbéne. Será objeto de reproches por parte de quienes piensan que es más importante lo que se cree que lo que se hace.

—◇—

San Virila predicaba en la pequeña capilla a la que iba de vez en cuando en el tiempo que le dejaba libre su tarea de buscar a Dios en medio de los hombres.

Decía San Virila:

–No debe preocuparnos que algunos hermanos nuestros profesen otra religión. Si voy de noche por un camino, llevo mi lámpara encendida. ¿Me molestaré acaso porque otro lleva también su lámpara prendida, aunque el aceite que usa sea distinto del que alimenta la llama de la mía? Nuestra vida es camino, y todos debemos iluminarlo con esa flama de luz que es el amor. No importa nada que la forma de las lámparas o la fuente de su resplandor sean distintas. Si en verdad nos amamos como el Señor nos enseñó, todos nos alumbraremos unos a otros con la misma Luz.

Los humildes feligreses de San Virila entendieron la lección: no importa la forma de la lámpara, lo que importa es que aquel que la lleva difunda amorosamente su fulgor.

———◦———

Yo simpatizo mucho con los que creen en Dios, porque están muy bien acompañados; pero simpatizo más con los que no creen en Él, porque a veces deben sentirse muy solos.

El creyente, aunque no pueda saber si aquello en lo que cree existe verdaderamente, tiene un asidero: la oración. Puede ser acción de gracias o voz callada de la desesperación, pero ahí está siempre, lazo invisible que une a la indigencia humana con esa fuerza universal de amor llamada Dios.

Hace unos días, conocí una hermosa oración escrita por Martín Lasarte. Dice así:

«Mi pasado, Señor, lo confío a tu misericordia; mi presente, a tu amor, y mi futuro, a tu providencia.»

Medito esas palabras, y mis dudas y tormentas interiores se convierten en certidumbre y paz.

SONETO

¿Y ese afán por negarte y resistirme?
¿Y ese volverte sordo a mi llamado?
¿Y ese fingirte muerto y sepultado?
¿Y ese clavar tu puerta por no abrirme?

¿Y ese tu vano empeño por huirme
si yo soy cruz y tú crucificado?
¿Y ese quererme huir, desatentado,
si eres tú el preso y yo la cárcel firme?

¿Cómo podrás echarme de tu lado
si yo soy la corona de tus sienes
y la llaga que rompe tu costado?

Sé mi cautivo, pues. Te he derrotado...
Señor, te tengo ya porque me tienes.
Porque te busco, Dios, ya te he encontrado.

AFA